AF368725

Breves historias inspiradoras para los emprendedores y líderes del siglo XXI

Jesús A. Lacoste

© Jesús A. Lacoste
© Breves historias inspiradoras para los emprededores
  y líderes del siglo XXI

ISBN papel: 978-84-686-4966-5
ISBN digital: 978-84-686-4968-9

1ª Edición: Marzo, 2014

Impreso en España

Editado por Bubok Publishing S.L.

Índice

Prólogo

Hoy en día, la palabra emprendedor está presente en multitud de ámbitos: redes sociales, medios de comunicación, discursos políticos, tertulias, etcétera. Según el *Diccionario*, «emprendedor» es la persona «que emprende con resolución acciones dificultosas o azarosas». Hay dos conceptos claves en la definición: la resolución y la dificultad de las acciones que se emprenden. En primer lugar, la resolución equivale a la ejecución y es este concepto el que hace verdaderamente exitoso un emprendimiento. Las buenas ideas solo son eso, ideas, pero se convierten en realidad cuando se ejecutan con éxito. En segundo lugar, en cuanto a lo difícil o azaroso del emprendimiento, el riesgo de fracaso siempre está presente en mayor o menor medida, por ello muchas veces los emprendedores son considerados como verdaderos héroes cuando logran sus objetivos imposibles.

En muchos casos, la referencia a los emprendedores va unida a la situación económica actual y se los menciona como una de las alternativas para lograr de nuevo el ansiado crecimiento económico. A veces, en mi opinión, esta referencia se hace de forma irresponsable, pues se dibuja en ocasiones un mundo ideal donde cualquier persona puede ser emprendedora, los proyectos tienen un alto porcentaje de éxito y son la panacea para sacar a los países de la crisis. Emprender no es fácil y hay muchas más historias de fracasos que de éxitos.

Emprender exige grandes sacrificios personales y económicos, y también una gran capacidad de trabajo y perseverancia. Además, las crisis no favorecen normalmente el crecimiento de nuevos negocios, por lo que el entorno de dificultad que define al emprendedor se agrava en muchos casos. Emprendamos pues, pero con responsabilidad, y no exijamos en demasía a los emprendedores, pues sus espaldas no son tan anchas como para sacar a un país de la crisis. Para ello hacen falta los emprendedores, sin duda, pero también la actuación conjunta de las grandes empresas, instituciones y la Administración.

Emprendimiento, resolución y dificultad son conceptos que están presentes en *Breves historias inspiradoras para los emprendedores del siglo XXI*, en el que Jesús Lacoste recopila una serie de historias inspiradoras publicadas en su blog. Jesús nos describe en 21 cortas narraciones las historias de igual número de personas singulares que a lo largo de la historia han destacado en diferentes campos.

Se trata de un libro de fácil lectura por la estructura de los relatos de la vida de cada uno de los personajes, en donde nos hace partícipes de sus historias de éxito, pero plagadas también de fracasos iniciales. Y son esos fracasos en muchas ocasiones los que logran un éxito final. Hoy en día, en el entorno emprendedor se habla constantemente del fracaso y su valor como lección. De hecho, en numerosos medios profesionales se pregunta a las personas por sus historias de fracaso y se las invita a narrar su vida profesional desde el punto de vista de las historias fallidas y los aprendizajes logrados.

Los personajes que en este libro se describen no son iguales, ni mucho menos, pues provienen de mundos tan distantes como la música, la medicina o el deporte. ¿Qué tienen en común Elvis Presley, Walt Disney, Abraham Lincoln, Charles Darwin o Rafa Nadal? Son historias de personas que han llegado al éxito a través de su esfuerzo, superación personal, trabajo y una persecución incansable de sus sueños.

Algunos llaman la atención por comenzar sus vidas alejados de lo que más tarde sería su éxito, como el premio nobel Ramón y Cajal, un mal estudiante, o el neurocirujano Ben Carson, quien sufría acoso escolar por su dificultad para la lectura y falta de aptitudes. Otros destacan por su visión de negocios como Jobs, Gates o Sam Walton, quien logró crear una de las cadenas minoristas más importantes del mundo desafiando las reglas establecidas y entendiendo la tecnología como un facilitador de su negocio. Hay también historias extraordinarias de superación personal, como los casos de Jessica Cox y Liu Wei, quienes se negaron a ser distintos a pesar de faltarles los brazos, y cómo no, la increíble historia de Hellen Keller, quien fue capaz de pasar de una incomunicación total siendo sordo muda y ciega a obtener un título universitario, impartir conferencias y escribir la historia de su vida.

Por su título, *Breves historias inspiradoras para emprendedores y líderes del siglo XXI* está dirigido a emprendedores y líderes, aunque estoy seguro de que su lectura entretendrá e inspirará a todo tipo de lector.

Disfruten con su lectura, ¡e inspírense!

Gonzalo Martín-Villa
Presidente de Wayra
Telefónica

A todas las personas que alguna vez han buscado una guía o faro donde inspirarse para crecer y fortalecer su propia vida. En especial a todos los adolescentes para que puedan tomar como ejemplo las vidas de estas grandes personas y les ayude a orientar adecuadamente sus impulsos y motivaciones.

A todos los que despiertan cada mañana con ganas de cambiar el mundo para hacerlo mejor.

A todos los que están dispuestos a aprender y mejorar sin reparar en excusas.

A mis hijos para que vean más allá de sus propios ojos y aspiren siempre a imitar a los mejores.

Introducción

La vida no es un camino de rosas. Hay personas que tienen suerte de haber nacido en un país, entorno o familia con recursos suficientes para gozar de oportunidades y posibilidades que a otras personas les son negadas. Sin embargo, crecer en el seno de una familia rica no garantiza el éxito o la felicidad. Por el contrario, nacer en un entorno carente de recursos tampoco es determinante del fracaso futuro. Ambas condiciones pueden modular e influir de manera decisiva en la evolución de las personas, pero siempre existe una variable fundamental que puede hacer que todo cambie: la decisión de construir la propia vida según sus propios criterios.

Todas las personas construimos nuestra realidad según las interpretaciones que realizamos. Lo que alguien ve como una catástrofe, otros lo pueden ver como una oportunidad de aprendizaje y mejora. Dependiendo de las interpretaciones que hagamos, así nos sentiremos y así actuaremos.

Ante cualquier dificultad que encontremos en la vida, podemos reaccionar llenándonos de ansiedad, de frustración y de resentimiento o podemos responder de una forma más serena y equilibrada. *Si no somos más creativos a la hora de encontrar nuevas oportunidades de mejora, no es porque nos falte la capacidad para serlo,* sino porque no creemos lo suficientemente en nosotros mismos o nos falta hambre por triunfar. La fe y el deseo no hacen que las cosas se consigan como por arte de magia. Lo que la fe o el deseo hacen es que, por largo y difícil que sea el camino, sigamos esforzándonos y buscando soluciones sin desfallecer.

En este libro presento algunas historias de seres humanos que se encontraron con dificultades en su vida que parecían del todo imposibles de superar. Sin embargo, lo hicieron, las superaron. Y, ¿por qué o cómo las superaron? Posiblemente, porque *todos ellos tenían el convencimiento de que podían aspirar a una vida mejor*, y estaban dispuestos a hacer lo necesario para lograr la vida a la que aspiraban. A veces nos acomodamos en nuestra zona de confort y ya no tenemos ambición. Nos resignamos a mantener la vida que llevamos o creemos que no merece la pena el esfuerzo por cambiar. Sin embargo, la ambición por mejorar es saludable.

No podemos estar constantemente recordando fracasos pasados o centrarnos obsesivamente en el bienestar presente. Hay que lograr que nuestro pasado pese menos que nuestro futuro. *La duda y el miedo no son buenos compañeros de viaje*. Con ellos no se llega a ningún sitio que valga la pena. En estas historias inspiradoras podrás encontrar el ejemplo de personas que lucharon sin descanso por su propio futuro, por mejorar las condiciones innatas de una vida poco favorable; personas que construyeron su historia a partir de lo que tenían pero que creyeron fuertemente en sus posibilidades de cambio.

No vivas la vida de otros. Aprende de estas historias cómo tú puedes ser el escultor de tu propio cerebro y convertirte en un líder inspiracional para tu gente, tu equipo o tu familia.

Tenerife, 6 de mayo del 2013

1

HISTORIAS INSPIRADORAS EN LA MEDICINA

SANTIAGO RAMÓN Y CAJAL, UN MAL ESTUDIANTE QUE GANÓ EL PREMIO NOBEL

Don Santiago nació en Petilla de Aragón (Navarra) el 1 de mayo de 1852. Vivió su infancia entre continuos cambios de residencia por distintas poblaciones aragonesas (de hecho, él siempre se consideró aragonés) acompañando a su padre, que era médico cirujano. Santiago era de carácter muy travieso y juguetón.

Según me contó mi amigo Carlos Salas, la infancia de Ramón y Cajal no tiene desperdicio. El lector interesado puede profundizar en la propia obra de Ramón y Cajal *Mi infancia y juventud*.

Desde muy niño sus travesuras eran constantes: le encantaba lanzar piedras a sus amigos, asaltar viñas, robar melocotones, y por supuesto, romper cristales y farolas. El padre, con un carácter más recto, le daba soberbias palizas, pero el chico no se enderezaba. Además le encantaba pintar y dibujar. Embadurnaba tapias con la misma facilidad que pintaba cualquier pared, fachada o puerta. El padre repudiaba esta manía. Y en casa, en lugar de estudiar, el chico pasaba el tiempo haciendo garabatos y pintando.

Los padres pensaron que a lo mejor era su vocación y consultaron con un conocido, que era especialista en restaurar obras de arte. Le enseñaron las obras de Santiago,

figuras humanas, y el experto respondió: «¡Vaya mamarracho!». «¿De veras no tiene aptitudes para el arte?», preguntaron los padres. «Ninguna —respondió el otro—. Es un pintamonas.» El chico estaba presente y volvió a su casa aplanado. Fue entonces cuando el padre tomó la decisión de que Santiago estudiaría medicina cuando fuera mayor.

Pero en la escuela, el chico resultó ser muy mediocre. Se escapaba, no iba a clase y a veces pasaba varios días en el monte sin aparecer ni por la escuela ni por su casa. El padre, que era un hombre antiguo y atrasado en la educación, le daba continuas palizas.

Durante las clases, Santiago hacía caricaturas y la pasaba a los compañeros, que se reían a gusto. Pero a los maestros no les gustaban nada esas caricaturas, y como era un pueblo con una escuela muy atrasada, encerraban al niño en el cuarto oscuro para intimidarlo. Allí, él se ponía a pintar, pues la habitación era una cámara oscura gracias a los hilos de luz que se filtraban del exterior y formaban figuras invertidas en el techo.

El padre al fin lo trasladó a una escuela mejor cuando entró en bachillerato. Seguía con la convicción de que su hijo estudiase medicina, pero Santiago discutía diciendo que eso sería perder tiempo y dinero, porque lo único que le gustaba era pintar, ya fuese en paredes o en cuadernos, pero solo pintar. El padre intentó disuadirlo refiriéndole la cantidad de artistas que habían fracasado. Era más práctico estudiar idiomas y aprender medicina que ser artista.

Así las cosas, el padre lo llevó a un colegio religioso para que hiciera el bachillerato, pero advirtió a los curas de que su hijo era «corto». Así lo dijo. «No le exijan lecciones al pie de la letra porque es corto.» El padre añadió que el chico tenía problemas de expresión y no sabía explicarse muy bien.

El chico fue abochornado en público delante de sus compañeros, castigado y humillado. La única forma que Santiago tenía de evadirse de aquel rebajamiento era pintar y dibujar. Se convirtió en un chaval huraño, pues su otra afición era dar paseos y excursiones en solitario

Por más que lo intentaban, los curas no eran capaces de meter la gramática en su cabeza y los idiomas se le daban fatal. Como era un internado y Santiago no mejoraba, los profesores decidieron castigarlo con la pena del ayuno, ya que los correazos no servían. Pero el chico reaccionó con violencia: hablaba y enredaba en clase, tramaba burlas y desafiaba a los profesores.

Nada servía. Lo encerraban en una especie de celda, y Santiago aprendía la forma de violar la cerradura. Lo llevaban a otra celda y se escapaba por la ventana, escalando por la pared.

En vacaciones, cuando regresó a su pueblo, el chico no mejoró. Se dedicó al boxeo con los amigos, y un día, en su tiempo libre, fabricó un cañón de madera, lo reforzó con alambre y hojalata, y lo ensayó contra la puerta de un cercado. El estampido dejó un enorme boquete en la puerta. Por supuesto, el labriego dueño de la puerta lo denunció a la Guardia Civil, y Santiago acabó en la cárcel. Tenía 11 años. Y pasó las noches acompañado de pulgas, chinches y piojos. El padre no movió un dedo. «Pero el chico no mejoró» porque… al salir, se dedicó a las armas de fuego: le encantaban la pólvora, las escopetas y los fusiles.

Los padres lo cambiaron de colegio pero al ver que no tenía aptitudes, decidieron que volviera al pueblo y que se pusiese a trabajar. Lo metieron en una peluquería y luego en una zapatería. Pero en sus ratos libres se emborrachaba e iba de juerga y se enfrentaba a la policía. Lo tenían fichado. Como le seguía gustando la pintura logró matricularse en una academia, donde sí destacaba. El profesor reconoció que era el discípulo más brillante que había pasado por allí.

De padre médico, hijo médico

Pero los designios de su padre eran inviolables. Al terminar el bachillerato, se dedicó a la medicina. Santiago se sumió en una profunda decepción. Nunca sobresalió en la carrera. Pero finalmente, en 1873, tras licenciarse en medicina a los 21 años, fue llamado a filas.

Los primeros meses en la milicia transcurrieron en Zaragoza, y al poco tiempo sacó una oposición para el Cuerpo de Sanidad Militar. Fue destinado como médico segundo (teniente) al regimiento de Burgos, acuartelado en Lérida. En 1874 Santiago marchó destinado a Cuba con el grado de capitán, ya que el paso a ultramar conllevaba el ascenso al empleo militar inmediato. Su padre le había conseguido, para disfrutar de un destino más favorable, algunas cartas de recomendación, pero él rehusó utilizarlas, lo que causó que lo enviaran al peor destino posible: la enfermería de Vistahermosa, en el centro de la provincia de Camagüey, una de las más peligrosas de la isla. Las experiencias con el sistema administrativo y militar vividas por Ramón y Cajal en esa estancia ultramarina fueron para él tan amargas como las enfermedades allí contraídas. Experiencias difíciles que lo llevaron a solicitar la licencia para abandonar Cuba, atendida el 30 de mayo de 1875, tras ser diagnosticado de «caquexia palúdica grave» y declarado «inutilizado en campaña». El regreso a España y los cuidados que le prodigaron su madre y sus hermanas devolvieron progresivamente a Santiago Ramón y Cajal la salud.

Y por fin nace el gran investigador

El año 1875 marcó también el inicio de su doctorado y de su vocación científica. Se doctoró en junio de 1877, a la edad de 25 años. Ganó la cátedra de Anatomía Descriptiva de la Facultad de Medicina de Valencia en 1883. En 1887 se trasladó a Barcelona para ocupar la cátedra de Histología creada en la Facultad de Medicina de la Universidad de Barcelona. Fue en 1888, definido por el propio Ramón y

Cajal como su «año cumbre», cuando descubrió los mecanismos que gobiernan la morfología y los procesos conectivos de las células nerviosas de la materia gris del sistema nervioso cerebroespinal.

Su teoría fue aceptada en 1889 en el Congreso de la Sociedad Anatómica Alemana, celebrado en Berlín. Su esquema estructural del sistema nervioso como un aglomerado de unidades independientes y definidas pasó a conocerse con el nombre de «doctrina de la neurona», y en ella destaca la ley de la polarización dinámica, modelo capaz de explicar la transmisión unidireccional del impulso nervioso.

Su discurso de ingreso en la Real Academia de Ciencias, *Reglas y consejos para la investigación biológica. Los tónicos de la voluntad* es de lectura obligada para todo investigador de cualquier rama de la ciencia. Resulta ser el más literario de sus libros científicos, pero también la más científica de sus obras literarias.

En 1892 ocupó la cátedra de Histología e Histoquímica Normal y Anatomía Patológica de la Universidad Central de Madrid. Logró que el gobierno creara en 1902 un moderno Laboratorio de Investigaciones Biológicas, en el que trabajó hasta 1922, momento en el que pasó a prolongar su labor en el Instituto Cajal, en donde mantendría su labor científica hasta su muerte.

Entre 1897 y 1904 publicó, en forma de fascículos, su obra magna *Histología del sistema nervioso del hombre y de los vertebrados*.

«Todo hombre puede ser, si se lo propone, escultor de su propio cerebro.»

Premio nobel

Además de numerosos premios, medallas y reconocimientos nacionales e internacionales, su trabajo y su aportación a la neurociencia se verían reconocidos, finalmente, en 1906, con la concesión del premio Nobel en Fisiología o Medicina, galardón que compartió con el médico italiano Camilo Golgi.

Según Wikipedia, en la medianoche del 6 de octubre de 1906 Santiago Ramón y Cajal recibió un telegrama desde Suecia. Se le comunicaba que había recibido el Nobel de Medicina ex aequo con Camilo Golgi. Pero su reacción no fue otra que comentar: «Esto es una broma de los estudiantes», y siguió durmiendo. Solo se convenció de que era verdad cuando, al día siguiente, leyó el diario.

Si deseas conocer una biografía de la parte científica e investigadora de don Santiago, te sugiero la serie de RTVE *Ramón y Cajal: historia de una voluntad.*

El doctor Benjamin S. Carson es un médico neurocirujano, psicólogo, escritor y filántropo adventista nacido en Estados Unidos. Es el actual director del Departamento de Neurocirugía Pediátrica del Hospital Johns Hopkins de Baltimore, Maryland (Estados Unidos) y probablemente el mejor neurocirujano infantil del mundo. Es profesor de neurocirugía, cirugía plástica, oncología y pediatría, y ha escrito más de noventa artículos sobre neurocirugía. Ha recibido 27 doctorados honoris causa. En 2008 fue galardonado con la Medalla Presidencial de la Libertad en Estados Unidos (condecoración otorgada por el presidente de los Estados Unidos, equivalente a la Medalla de Oro otorgada por el Congreso, y concesión civil más alta en el país). Es una de las 89 «leyendas vivientes» elegidas como tales por la Biblioteca del Congreso de los Estados Unidos y CNN, que lo

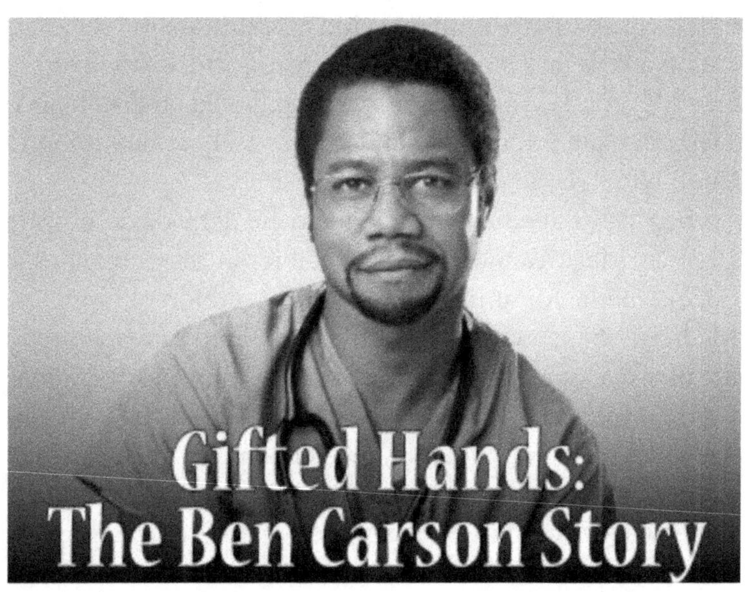

han reconocido como uno de los 20 médicos y científicos más destacados de la actualidad.

De familia pobre y afroamericano

Benjamin Solomon Carson nació en Detroit (Michigan) el 18 de septiembre de 1951. Su madre, Sonya Carson, abandonó la escuela en tercer grado. Con solo 13 años Sonya se casó con Robert Solomon Carson, un ministro bautista procedente de Tennessee. Pero cuando Ben tenía 8 años su madre se separó, pues descubrió que su marido tenía otra familia y que vendía drogas. Así que la pobre señora Carson asumió la responsabilidad de sostener a Benjamin y su hermano mayor, Curtis, trabajando en dos (y a veces tres) puestos de trabajo simultáneos.

Un problema adicional para la familia era que la señora Carson se deprimía constantemente. *La familia de Ben no podía ser más disfuncional* (monoparental, pobre, con madre depresiva, afroamericana…). *Era el perfecto caldo de cultivo para que los niños se convirtieran en pandilleros.*

El más tonto de la clase

Ben Carson manifestó numerosas dificultades escolares desde la educación primaria, llegando a ser *el peor alumno de su clase*. No sabía leer adecuadamente. *Era objeto de insultos y burlas por parte de sus compañeros*, lo que lo llevó a desarrollar un temperamento agresivo e incontrolable. Ante la constante humillación de sus compañeros, Ben llegó a pensar que no solo era el niño más tonto de la escuela, sino del mundo entero. En síntesis, su vida estudiantil fue complicada porque, aparte de la antipatía y exclusión expresada por sus pares, al ser una escuela predominantemente blanca, continuamente *era ignorado por sus maestros*. A pesar de todo, su madre constantemente le decía: «Ben, todos lo pueden hacer, pero nadie mejor que tú».

Menos tele y más libros

Un día, mientras la madre de Ben hacía labores de limpieza en la biblioteca de la casa donde trabajaba, se quedó admirada por la cantidad de libros allí reunidos. En ese momento de contemplación, súbitamente entró a la habitación el viejo profesor dueño de la casa, y entonces la mujer se atrevió a preguntar: «Profesor, ¿acaso ha leído todos esos libros?». El hombre contestó: «Casi todos».

Esta breve experiencia fue suficiente para la madre de Ben. En ese momento intuyó con toda claridad los pasos a seguir con sus hijos. Así fue que *tomó una sencilla pero trascendental decisión que habría de cambiar el futuro de los niños: condicionarles la televisión, que veían desmesuradamente*; también se negó a dejarlos salir a jugar hasta que hubiesen terminado la tarea de cada día. El trato consistió en permitirles ver exclusivamente dos programas a la semana, pero solo si leían dos libros de la biblioteca pública, para lo cual tenían que escribir las reseñas correspondientes (a pesar de que, debido a su propia falta de educación, ella apenas podía leer los informes que Ben escribía). *Los niños protestaron pero la ma-*

dre no cedió. Se mantuvo firme. *Esa era la nueva regla del juego*.

Con el paso del tiempo Ben empezó a disfrutar de los libros y del aprendizaje que suscitaba la combinación de la lectura con la música clásica. Gradualmente, su imaginación comenzó a despertar de manera genial: así empezó a imaginarse a sí mismo siendo doctor. Fue entonces cuando *se dio cuenta de que no era tonto*.

En el lapso de un año y medio, ante la mirada incrédula de sus compañeros y maestros, pasó de ser del alumno «más tonto del mundo» al más sobresaliente de la escuela. Se graduó con honores. Pero debido a un incidente racista por parte de una profesora, su madre lo cambió de escuela. En este nuevo lugar Ben se empezó a juntar con malas compañías, y su incontrolable temperamento renació hasta tal punto que se volvió agresivo de nuevo, dejó la lectura y su pasión por la música clásica. Inclusive, llegó a amenazar a su madre y casi apuñaló a un compañero, situación que lo hizo reflexionar y enmendar para siempre el camino.

El fruto de su imaginación

Gracias a su aprovechamiento, Ben recibió una beca para la Universidad de Yale, donde, en 1973, obtuvo con honores una licenciatura en psicología. Después, en 1977, se graduó en medicina en la Universidad de Michigan, su oficio soñado, también con honores. Hay que destacar que Carson había querido ser médico desde que era niño, después de enterarse del bien que realizaban los médicos misioneros de su Iglesia.

Fue aceptado en el prestigioso hospital Johns Hopkins de Baltimore, Maryland, lo que hizo de él *el primer afroamericano residente de neurocirugía*. Su excelente coordinación

mano-ojo y sus habilidades de razonamiento lo convirtieron en un sobresaliente cirujano. En 1982, con solo 32 años, ya era el jefe de residentes; y un poco más adelante fue nombrado director de neurocirugía pediátrica. Fue el médico más joven en ocupar esta posición.

Carson es uno de los neurocirujanos más famosos del planeta al ser pionero en avanzados métodos quirúrgicos. Fue el primer médico en operar a un feto dentro del útero. Es conocido por realizar operaciones de muy alto riesgo, como la separación de gemelos unidos por la cabeza. En 1987 hizo historia al ser el cirujano principal del equipo de 70 personas que realizó exitosamente, tras veintidós horas, el complejo procedimiento de separar a los gemelos siameses alemanes Binder, que estaban unidos por la parte posterior de la cabeza.

Carson es considerado uno de los 20 principales médicos y científicos de Estados Unidos y una de las 89 «leyendas vivientes». También fue galardonado con la Medalla Spingarn, el más alto honor otorgado por la Asociación Nacional por el Progreso de la Gente de Color (NAACP) y la Medalla Presidencial de la Libertad, la más alta consideración otorgada a un civil en Estados Unidos.

En junio de 2002 se le detectó una forma agresiva de cáncer de próstata, pero afortunadamente fue descubierto y extraído a tiempo. Sin embargo, debido a su encuentro con la muerte, Carson realizó algunos cambios en su estilo de vida, consagrando más tiempo a su familia y disminuyendo su cantidad de pacientes, aunque todavía opera a más de tres centenares de niños al año. No está nada mal después de haber sido el niño más tonto de la escuela.

Un ejemplo para admirar y copiar

En 1994, Ben y su esposa establecieron el Fondo de Estudios Carson para animar a los estudiantes a explorar los campos de la ciencia y la tecnología. Actualmente, mantiene dos programas: las Becas Carson, que premian a estudiantes de escasos recursos que manifiesten altos niveles de excelencia académica y se destaquen en el servicio a su comunidad con becas de 1.000 dólares en la universidad; y el Proyecto de Lectura Carson, que fue establecido en el año 2000 y tiene como objetivo incentivar la lectura a través de la creación de acogedoras salas de lectura en las escuelas.

Ben es ejemplo de entrega para los jóvenes del mundo entero. Nos demuestra que, en ocasiones, aquellos que tienen más posibilidades de salir adelante por la abundancia de recursos se quedan en el camino, y esos que menos oportunidades tienen para triunfar terminan asombrando a propios y extraños. *Este hombre demuestra que todos tenemos un don milagroso que hay que descubrir.* Su biografía, adicionalmente, deja patente que la determinación, el coraje y el amor de una madre coadyuvan al logro de los sueños de los hijos. *Increíble es también la manera en que la lectura puede transformar la vida de las personas.* A pesar de que vivimos invadidos por pantallas, la vida del doctor Carson nos invita a apagar la televisión, los videojuegos, desconectar de Internet y las redes sociales y disfrutar de las oportunidades de vida que la lectura nos regala.

Para quien desee profundizar en la vida de Ben Carson, recomiendo:

— El libro *Manos prodigiosas: la historia de Ben Carson*.

— La película *Manos milagrosas: la historia de Ben Carson*.

— El video *Gifted Hands: The Ben Carson Story*, testimonio de Ben Carson sobre su propia vida.

— El libro *Corre el riesgo: aprende a identificar, elegir y vivir con los riesgos aceptables*.

— El libro *Think Big: Unleashing Your Potential for Excellence*.

2
HISTORIAS INSPIRADORAS EN LA LITERATURA

J. K. ROWLING, LA ESCRITORA QUE NINGUNA EDITORIAL QUERÍA

Joanne *Jo* Rowling, que escribe bajo el seudónimo J. K. Rowling, nació el 31 de julio de 1965 en Yate, Gloucestershire (Inglaterra), hija de Peter James Rowling y Anne Rowling (cuyo apellido de soltera era Volant). Es una escritora y productora de cine británica, conocida  principalmente por ser la creadora de la serie de libros *Harry Potter*. Rowling es igualmente famosa por su propia historia: pasó de tener una condición humilde a ser multimillonaria en solo cinco años. Una edición de 2008 del *Sunday Times Rich List* estimó la fortuna de Rowling en 560 millones de libras, siendo la duodécima mujer más rica en Gran Bretaña. La revista *Forbes* la situó en el cuadragésimo puesto en su lista de las celebridades más poderosas del 2007, y la revista *Time* la seleccionó como «personaje del año», resaltando la inspiración social, moral y política que le ha dado a los personajes de Harry Potter.

Desde pequeña disfrutaba escribiendo historias fantásticas, que a menudo relataba a su hermana. Cuando era adolescente, su tía abuela le dio una vieja copia de la autobiografía de Jessica Mitford, *Hons and Rebels*, convirtiéndose así Mitford en la heroína de Rowling. Estudió francés y filología clásica en la Universidad de Exeter, pasó un año en París para mejorar el francés y cuando regresó a Londres trabajó como investigadora y secretaria bilingüe para Amnistía Internacional.

Parece ser que en junio de 1990, mientras viajaba en un tren demorado durante cuatro horas desde Manchester hasta Londres, surgió en su mente, completamente formada, la idea de una escuela de magos:

«De repente, la idea de Harry apareció en mi imaginación, simplemente. No puedo decir por qué, o qué la desencadenó, pero vi la idea de Harry y de la escuela de magos muy explícitamente. De pronto, tuve la idea básica de un niño que no sabía quién era, que no sabía que era mago hasta que recibió una invitación para asistir a una escuela de magia. No he estado nunca tan entusiasmada con una idea. No sé de dónde surgió la idea. Comenzó con Harry, y luego todos los personajes y situaciones afloraron en mi cabeza.» Cuando llegó a su piso, comenzó a escribir inmediatamente.

Pero en diciembre de ese año, 1990, muere su madre tras una larga enfermedad, esclerosis múltiple, lo que la afecta profundamente, tanto a nivel personal como en su tarea de escritora. Posteriormente se fue a vivir a Oporto, para trabajar como profesora de inglés en una academia. En octubre de 1992 se casó con el periodista portugués Jorge Arantes, con el que tuvo una hija, Jessica Isabel Rowling Arantes. Sin embargo, su matrimonio fracasó y en noviembre de ese mismo año se separó, regresando con su hija a Edimburgo, Escocia. Durante dos años estuvo peleando legalmente con su exmarido para poder tener a su hija, periodo en el que Rowling sufrió depresión clínica y llegó a plantearse el suicidio.

Pasión por escribir

Durante esa etapa de su vida no tenía empleo y vivía de los beneficios que le otorgaba el estado, pero aun así Rowling completó su primera novela escribiendo en varios cafés, especialmente el Nicolson.

En 1995, Rowling finalizó su manuscrito Harry Potter y la piedra filosofal en una vieja máquina de escribir. Presentó el libro a doce editoriales pero todas lo rechazaron. Sin embargo ella siguió intentándolo una y otra vez. Creía en su obra y continuó hablando con más editores. Un año más tarde, finalmente recibió la aprobación (y un adelanto de 1.500 libras) del editor Barry Cunningham para Bloomsbury, una pequeña editorial británica de Londres. La decisión de publicar el libro de Rowling aparentemente se debe a Alice Newton, la hija de 8 años de edad del presidente de Bloomsbury, quien recibió el primer capítulo para su revisión e inmediatamente pidió el segundo. Aunque si bien Bloomsbury aceptó publicar el libro, Cunningham dice que le sugirió a Rowling conseguir un trabajo, ya que creía que tenía pocas posibilidades de ganar dinero con libros para niños.

Poco después, en 1997, Rowling recibió una beca de 8.000 libras del Scottish Arts Council para permitirle continuar escribiendo. La primavera siguiente se llevó a cabo una subasta en los Estados Unidos por los derechos para publicar la novela, la cual fue ganada por Scholastic Inc. por 105.000 dólares. Cuando Rowling se enteró, no se lo creía. Y a partir de ese momento comenzó a cambiar su vida.

En junio de 1997, Bloomsbury publicó *La piedra filosofal* con 1.000 copias impresas, la mitad de las cuales fueron distribuidas en bibliotecas. Luego del éxito mundial de los libros, aquellas copias pasaron a valer entre 16.000 y 25.000 libras. Cinco meses más tarde, el libro ganó su primer premio, el Premio de Libros para Niños Nestlé. En febrero, la novela ganó el prestigioso Premio del Libro Británico, en la categoría Libro Infantil del Año, y más tarde, el Premio al Mejor Libro Infantil. Su secuela, *Harry Potter y la cámara secreta*, fue publicada en julio de 1998.

En diciembre de 1999, la tercera novela, *Harry Potter y el prisionero de Azkaban*, ganó el Premio del Mejor Libro Infantil, convirtiendo a Rowling en la primera persona en ganar tres veces dicho premio. En enero del 2000, *El prisionero de Azkaban* ganó el Premio Whitbread del Libro Infantil del Año.

El cuarto libro, *Harry Potter y el cáliz de fuego*, fue lanzado a la venta simultáneamente en el Reino Unido y en los Estados Unidos el 8 de julio del 2000, y batió récords de ventas en ambos países. Aproximadamente 372.775 copias del libro fueron vendidas en su primer día en Gran Bretaña, casi igualando el número que se vendió de copias de *El prisionero de Azkaban* durante su primer año a la venta. En los Estados Unidos, *el libro vendió tres millones de copias en sus primeras cuarenta y ocho horas*, sacudiendo todos los récords de ventas de libros.

El sexto libro, *Harry Potter y el misterio del príncipe*, fue lanzado a la venta el 16 de julio del 2005. También rompió los récords de ventas, pues se distribuyeron nueve millones de copias en sus primeras veinticuatro horas en el mercado. En 2006 recibió el premio de Mejor Libro del Año en la entrega de los Premios a los Mejores Libros Británicos.

El título del séptimo y último libro, *Harry Potter y las reliquias de la muerte*, fue lanzado a la venta el 21 de julio del

2007 y rompió el récord de su predecesor, convirtiéndose en el libro agotado más rápidamente de todos los tiempos. Vendió 11 millones de copias en el primer día de lanzamiento solo en el Reino Unido y los Estados Unidos.

Harry Potter se ha convertido en una marca registrada global valorada en aproximadamente 7.000 millones de libras y los últimos cuatro libros de *Harry Potter* han marcado récords como los libros más rápidamente vendidos de la historia. La serie, con un total de 4.195 páginas, ha sido traducida, totalmente o en parte, a 74 idiomas.

En octubre de 1998, Warner Bros compró los derechos para realizar películas de las primeras dos novelas.

De la nada a la abundancia

J. K. Rowling ha pasado de vivir en un pobre apartamento con el subsidio del estado a ser nombrada por *Forbes* como la primera persona en ganar 1.000 millones de dólares estadounidenses por escribir libros, la segunda artista mujer más rica y la persona que ha ocupado el puesto 1.062 con más dinero del mundo. Además, la lista *Sunday Times Rich List* de 2008 ubicó a Rowling en el puesto 144 de su lista de las personas más ricas de Gran Bretaña. Tiene una lujosa finca del siglo xix cercana al río Tay en Escocia, una casa en Merchiston, Edimburgo, y una mansión de cuatro millones y medio de libras (unos nueve millones de dólares) en Kensington, West London.

En el año 2000 le fue otorgada la Orden del Imperio Británico, como oficial. Ha recibido títulos honoríficos de la Universidad de St. Andrews, la Universidad de Edimburgo, la Universidad Napier y la Universidad de Aberdeen. En el año 2003 se convirtió en la primera escritora en recibir el Premio Príncipe de Asturias de la Concordia.

El 5 de junio del 2008, Rowling dio un discurso en la ceremonia de comienzo de ciclo de la Universidad de Harvard, en donde recibió otro título honorífico. También recibió del presidente francés, Nicolas Sarkozy, el 3 de febrero de 2008 en París, la insignia de caballero de la Legión de Honor, la más alta distinción civil que se otorga en Francia.

En la actualidad, se ha convertido en una gran filántropa, apoyando instituciones de caridad tales como Comic Relief, One Parent Families y Multiple Sclerosis Society of Great Britain.

Del rechazo al éxito

La biografía de Joanne Rowling nos demuestra que *el éxito nunca es fácil ni aparece en el primer intento, y que solo quien persiste en deseo y cree con pasión en lo que hace lo logra.* Si Rowling hubiera desistido tras el segundo no de las editoriales a las que le presentó su libro, jamás hubiera logrado el éxito, el dinero, reconocimiento y premios de los que ahora disfruta. Solo quien persiste gana. Solo el valiente y el que se esfuerza alcanza la meta.

3
HISTORIAS INSPIRADORAS EN LA MÚSICA

ELVIS PRESLEY, EL CHICO QUE NO SABÍA CANTAR Y... FUE EL REY DEL ROCK

Elvis Presley nació el 8 de enero de 1935 en Tupelo (Mississippi) cuando sus padres tan solo tenían 18 y 22 años de edad y apenas tenía trabajo, lo que los llevó a vivir de la ayuda de vecinos y del gobierno. En septiembre de 1941, Elvis comenzó el primer grado en la escuela East Tupelo

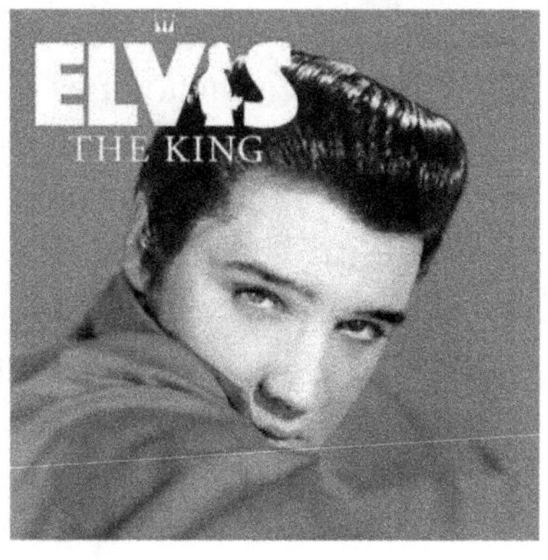

Consolidated, donde sus maestros lo consideraban un alumno «normal». Durante su estancia en el instituto, se lo animó a ingresar en una competencia de canto tras haber impresionado a su maestra durante los rezos matutinos. Con tan solo 10 años recibió su primera guitarra como regalo de cumpleaños, *a pesar de que él esperaba una bicicleta o un rifle.*

Las primeras clases de guitarra las recibió de sus tíos y del nuevo pastor de la iglesia familiar. Presley dijo: «Tomé la guitarra y miré a la gente y aprendí un poco. Pero nunca hubiera cantado en público, era muy tímido al respecto.»

Al año siguiente, comenzó a llevar su guitarra al colegio a diario y a dedicarse a tocarla y a cantar durante los almuerzos, sin embargo, el resto de muchachos del instituto solían burlarse de él.

En Memphis

En noviembre de 1948 la familia se mudó a Memphis, Tennessee. Tras residir durante casi un año en casas de huéspedes, se les garantizó un departamento de dos habitaciones en el complejo público de casas conocido como The Courts. Como estudiante de la Humes High School, Presley sólo obtenía calificaciones de nota c en octavo grado y su profesora de música le dijo que *no tenía aptitudes para el canto*. Durante su tercer año en la secundaria, comenzó a sobresalir entre sus compañeros, en gran parte por su apariencia: se dejó crecer las patillas y se peinaba el cabello con aceite de rosas, vaselina y lubricante moldeándolo en un tipo de peinado llamado tupé, estilo que comenzó a ser popular entre los jóvenes de esa época.

Presley, quien nunca había recibido clases formales de música, estudiaba y tocaba de oído. Frecuentaba tiendas de discos con gramófonos y adoraba la música country, el blues y el góspel. El cantante del sur de los Estados Unidos Jake Hess, uno de sus intérpretes favoritos, fue una influencia significativa en su estilo de cantar baladas.

En 1953 *fracasó en una audición* para ingresar en un cuarteto vocal local llamado The Songfellows. Tras el incidente, le explicó a su padre que no había tenido suerte y que le dijeron que *no podía cantar*. Un miembro del grupo, Jim Hamill, afirmó más tarde que no lo aceptaron debido a que en la audición no demostró poseer oído para las armonías. Así que en abril comenzó a trabajar para la compañía

Crown Electric como camionero. Su amigo Ronnie Smith, tras tocar un par de conciertos con él, le sugirió contactar a Eddie Bond, líder de la banda profesional en la que Smith tocaba, ya que necesitaba un vocalista. Bond lo rechazó tras una prueba, aconsejándole que permaneciera como camionero, pues en sus palabras, *nunca tendría éxito como cantante.*

Un día, tras una sesión infructuosa para grabar una canción con otros músicos locales, cuando ya estaban a punto de rendirse y marcharse a sus casas, Presley tomó su guitarra y tocó *That's all right*, un blues de 1946 de Arthur Crudup. Elvis comenzó simplemente a tocar la canción, saltando y haciendo tonterías, pero después sus compañeros comenzaron también a tocar y a hacer tonterías. Tres días más tarde, el popular DJ Dewey Phillips transmitió *That's all right* en su espectáculo *Red, Hot and Blue*. Los oyentes comenzaron a llamar para averiguar quién era el cantante. El interés fue tal que Phillips emitió repetidamente el tema durante las dos últimas horas de su programa.

El trío tocó en público por primera vez el 17 de julio de 1954 en el Bon Air Club, donde Presley todavía usaba su guitarra de tamaño para niños. Como teloneros de Slim Whitman y resultado de su fuerte respuesta al ritmo combinada con su nerviosismo al tocar frente a tal cantidad de público, comenzó a sacudir sus piernas mientras cantaba: sus pantalones de corte ancho pronunciaban sus movimientos, provocando que las mujeres jóvenes del público comenzaran a gritar.

Y llegó el éxito

Hacia principios de 1955, las presentaciones regulares de Presley en *Hayride*, las constantes giras y la buena recepción de sus publicaciones lo convirtieron en una estrella regional, desde Tennessee hasta el oeste de Texas. En 1955, en la Convención de *disc jockeys* de música country de principios de noviembre, se votó a Presley como el artista masculino más prometedor. En ese momento fueron muchas las compañías discográficas que mostraron interés en contratarlo. Después de que tres discográficas importantes le hicieran ofertas de hasta 25.000 dólares, Parker y Phillips firmaron un acuerdo con RCA Victor el 21 de noviembre para adquirir el contrato de Presley con Sun por una cantidad sin precedentes de 40.000 dólares. Presley tenía 20 años y era todavía menor de edad, por lo que su padre firmó el contrato.

A partir de ese momento los éxitos se fueron sucediendo tanto en ventas de sus discos como en número de fans y asistentes a sus conciertos. Además protagonizó en Hollywood varias películas de éxito. Reclutado para el servicio militar en 1958, reanudó su carrera artística dos años más tarde, llegando parte de su material a alcanzar mayor éxito comercial desde entonces. En 1973 protagonizó el primer concierto teletransmitido de ámbito mundial vía satélite, *Aloha from Hawaii*, visto aproximadamente por 1.500 millones de personas. Finalmente, el consumo excesivo de medicamentos prescritos comprometió gravemente su salud, hasta que en 1977 murió súbitamente a la edad de 42 años.

Presley es considerado hoy día como una de las figuras más importantes de la cultura popular del siglo XX. Tenía una voz versátil y un inusual éxito en muchos géneros, entre ellos el country, el pop, las baladas, el góspel y el blues. Asimismo, se trata del solista con más ventas en la historia de la música popular. Nominado a 14 premios grammy, ganó tres y recibió uno en la categoría a la carrera artística a la edad de 36 años, además de figurar en diversos salones de la fama musicales.

Su pasión fue su vida

Elvis Presley tenía una gran pasión desde pequeño y se entregó a ella. Lo intentó en diversos concursos y *talent shows*. Fracasó, lo rechazaron y le dijeron que se dedicara a otra cosa, pero él continuó intentándolo una y otra vez. No tiró la toalla ni desistió de su gran pasión. Por eso finalmente logró que valorasen su talento y su música fuera premiada por el público y la industria.

4

Historias inspiradoras en la política

Abraham Lincoln, un perdedor que llegó a presidente de Estados Unidos

Abraham Lincoln (12 de febrero de 1809-15 de abril de 1865) fue el decimosexto presidente de los Estados Unidos y el primero por el Partido Republicano. Su lucha política es una historia inspiradora que puede servir a los emprendedores, a los jóvenes y a todas las personas que se enfrenten a derrotas y fracasos en sus negocios o en su vida.

Esta es su historia de fracaso en fracaso hasta… llegar a presidente de Estados Unidos en 1860, cuando tenía 51 años de edad:

A los 7 años tuvo que empezar a trabajar para ayudar al sostenimiento de su familia tras tener que abandonar su casa.

A los 9 años, su madre murió.

A los 22 años, fracasó en sus negocios.

A los 23 años fue derrotado en las elecciones de legislador. No pudo entrar en la facultad de derecho.

A los 24 años se declaró en bancarrota y pasó diecisiete años pagando deudas a sus amigos.

A los 25 años fue derrotado nuevamente en las elecciones de legislador.

A los 26 años, cuando estaba a punto de casarse, su novia falleció y quedó con el corazón destrozado.

A los 27 años tuvo una crisis nerviosa y pasó seis meses en cama.

A los 29 años fue derrotado en las elecciones para representante del estado.

A los 31 años no pudo formar parte del colegio electoral.

A los 34 años fue derrotado en las elecciones al Congreso.

A los 37 años fue derrotado nuevamente en las elecciones al Congreso.

A los 39 años fue derrotado por tercera vez en las elecciones al Congreso.

A los 40 años no fue aceptado para un trabajo como alto funcionario de su estado.

A los 45 años fue derrotado en las elecciones para el Senado.

A los 47 años fue derrotado en las elecciones del Partido Republicano para ser candidato a vicepresidente del país. Obtuvo menos de cien votos.

A los 49 años fue derrotado nuevamente en las elecciones para el Senado.

A los 51 años fue elegido presidente de los Estados Unidos de América.

Su pensamiento

«El camino era difícil y resbaladizo. Resbalé, pero me recuperé, diciéndome que aquello era un resbalón y no una caída.»

«Hagas lo que hagas, hazlo bien.»

«No le temas al fracaso, que no te hará más débil, sino más fuerte.»

Su aportación política

Durante su presidencia contribuyó a fortalecer los Estados Unidos con la derrota de los secesionistas Estados Confederados de América en la guerra civil estadounidense. Introdujo medidas que dieron como resultado la abolición de la esclavitud, a través de su Proclamación de Emancipación de 1863 y la promoción de la aprobación de la Decimotercera Enmienda a la Constitución en 1865.

Lincoln supervisó estrechamente el resultado de la guerra hasta que llegó a su fin. Movilizó con éxito a la opinión pública a través de su retórica y discursos (es famoso su discurso de Gettysburg). Al finalizar la guerra, Lincoln estableció la reconstrucción, tratando de reunir rápidamente al país a través de una generosa política de reconciliación. Su asesinato en 1865 fue el primer magnicidio en Estados Unidos.

Perder no es fracasar

Como vemos, la biografía de Abraham Lincoln está jalonada de fracasos, decepciones y pérdidas; sin embargo, él nunca dejó de seguir intentándolo y luchando por sus ideales. Su fe y su lucha fue lo que finalmente le llevó a ser nominado por su partido como candidato y finalmente lograr ganar las elecciones en 1860. Si tras la primera derrota electoral en su carrera al Congreso hubiera abandonado habría sido un fracasado, pero Lincoln lo siguió intentando (fue derrotado tres veces en las elecciones al Congreso). *Hizo de cada pérdida una fortaleza, supo convertir cada derrota en un nuevo reto. Y lo logró.*

Como en el caso de Lincoln, lograr el éxito, triunfar en los negocios, en la vida… es una suma de fracasos. Pero como él, solo levantándose tras la caída se logra un verdadero avance y así hasta lograr la meta. No hay que tirar la toalla ante la primera adversidad. Es necesario hacerse fuerte, retomar aire y continuar con el plan fijado. El emprendedor debe saber que *el camino hacia el éxito* (*En busca de la felicidad*, de Chris Gardner) *es duro*, pedregoso y con caídas. Lincoln nos enseñó con su tesón y perseverancia que todo esfuerzo y lucha conlleva recompensa.

NELSON MANDELA, UN HOMBRE INVICTUS

Nelson Mandela (Nelson Rolihlahla Mandela, pero conocido en su país como Madiba) nació el 18 de julio de 1918 en Mvezo, un poblado de 300 habitantes cerca de Umtata en el Transkei (Sudáfrica) y murió el 5 de diciembre de 2013. Pertenecía al clan Madiba de la etnia xhosa. Fue uno de los 13 hijos que tuvo su padre, Gadla Henry Mphakanyiswa (también llamado Henry Mgadla Mandela), con sus cuatro esposas por un consejero principal de la casa real Thembu; a su vez era bisnieto de rey Ngubengcuka, que falleció en el año 1832. Su madre era Nonqaphi Nosekeni Fanny, tercera de las esposas de Gadla Henry Mphakanyiswa.

Fue buen estudiante y desde joven manifestó su interés por la defensa de los derechos civiles, siendo miembro del consejo de representantes estudiantiles cuando cursaba bachillerato. Acabó graduándose como abogado en la Universidad de Witwatersrand en 1942.

Se casó tres veces y tuvo 6 hijos. De su primera esposa, Evelin Ntoko Mase, fallecida el 30 de abril del 2004 de neumonía, se divorció en 1957 después de catorce años de matrimonio. Una hija de ambos murió en edad de lactancia. Su primer hijo, Madiba Thembekili, falleció en 1969 en un accidente automovilístico. El 6 de enero del 2005 murió el segundo hijo de Mandela y de su primera esposa, Makgatho Mandela, a la edad de 54 años, en Johannesburgo, a raíz de una enfermedad asociada al sida.

Su segunda esposa fue Winnie Madikizela, pero tras treinta y ocho años de matrimonio se separó a causa de escándalos políticos en abril de 1992 y finalmente se divorció el 19 de marzo de 1996. Con Winnie tuvo dos hijas, Zenani (Zeni), nacida el 4 de febrero de 1958, y Zindziswa (Zindzi), nacida en 1960. En su 80 cumpleaños, el 18 de julio de 1998, contrajo matrimonio con Graça Machel, la viuda de Samora Machel, el antiguo presidente de Mozambique y patrocinador del ANC (Congreso Nacional Africano, su partido político).

Su vida política

Como abogado, Mandela siempre estuvo muy posicionado en contra de la política de segregación racial (el apartheid) del Partido Nacional, que solo permitía votar a los blancos. Desde su despacho de abogados proporcionaba consejo legal de bajo coste a muchos negros que de otra manera no hubieran tenido representación legal.

En marzo de 1960, tras la masacre de Sharpeville, Mandela promovió una dramática llamada a las armas y se involucró en el planeamiento de actividades de resistencia armada, siendo considerado un terrorista tanto por las autoridades del régimen sudafricano como por la ONU.

Mandela abandonó en secreto el país para reunirse con otros líderes africanos y retornó meses después a Sudáfrica decidido a reorganizar los elementos nacionalistas africanos en la alianza parlamentaria. Recorrió el país promoviendo actos de *desobediencia civil*, entre los que se incluyeron numerosas acciones violentas, hasta que fue arrestado y acusado de alta traición.

La prisión y la libertad

Mandela ingresó en prisión en 1964 (fue el prisionero número 466/64) en la isla de Robben, donde permaneció encarcelado durante diecisiete años en precarias condiciones. Posteriormente pasaría otros diez años más en otras dos prisiones diferentes, sumando una pena total de veintisiete años. El Gobierno de Sudáfrica rechazó todas las peticiones de que fuera puesto en libertad.

Mandela se convirtió en un símbolo de la lucha contra el apartheid dentro y fuera del país, una figura legendaria que representaba la falta de libertad de todos los hombres negros sudafricanos.

«Aprendí que el coraje no era la ausencia de miedo, sino el triunfo sobre él. El valiente no es quien no siente miedo, sino aquel que conquista ese miedo.»

Mientras estuvo en la cárcel, su reputación creció y llegó a ser conocido como el líder negro más importante en Sudáfrica. En prisión, él y otros realizaban trabajos forzados en una cantera de cal. Las condiciones de reclusión eran muy rigurosas. Los prisioneros fueron segregados por raza y los negros recibían menos raciones. Los presos políticos eran separados de los delincuentes comunes y tenían menos privilegios. Mandela, como prisionero del grupo más bajo de la clasificación, solo tenía permitido recibir una visita y una carta cada seis meses. Las cartas, si llegaban, eran a menudo retrasadas durante largos periodos y leídas por los censores de la prisión.

Mientras estuvo en la cárcel, Mandela estudió por correspondencia a través del programa externo de la Universidad de Londres, obteniendo el grado de licenciado en derecho. Fue nombrado para el cargo de rector de la Universidad de Londres en las elecciones de 1981, pero ganó la princesa Anne.

«Después de escalar una gran colina, uno se encuentra sólo con que hay muchas más colinas que escalar.»

A pesar de la dureza de las condiciones en Robben Island, las convicciones de Mandela sobre su lucha política lo mantuvieron a flote. Según recordó años después, «cuando nos enviaron a la cárcel, teníamos el sentimiento de que nosotros éramos los victoriosos, y que el verdadero acusado era el gobierno. Eso nos ayudó a sobrevivir».

«Es mejor liderar desde atrás y poner a otros en el frente, sobre todo cuando se gana y ocurren cosas bonitas. Y debes tomar la primera línea del frente cuando hay peligro. Entonces, la gente podrá apreciar tu liderazgo.»

Mandela fue elegido por el resto de prisioneros como portavoz del grupo, y aún en la cárcel, mantuvo su aire de dignidad y cortesía, como recuerda su abogado George Bizos: «En una visita, lo trajeron a la sala donde nos reuníamos con los presos. Llegó escoltado por dos guardias delante, dos a cada lado y dos detrás. Lo increíble de Mandela es que nunca se comportó como un prisionero. Caminaba con la frente en alto y era él quien marcaba el paso a los escoltas. Cuando llegó me dijo en broma: "George, permíteme que te presente a mi guardia de honor". Al menos uno de los policías no pudo esconder una sonrisa.»

Siempre parece imposible hasta que se hace

En febrero de 1985, el presidente Botha ofreció la liberación condicional de Mandela a cambio de renunciar a la lucha armada. Pero Mandela rechazó la oferta, mediante un comunicado a través de su hija Zindzi, diciendo: «¿Qué libertad se me ofrece, mientras sigue prohibida la organización de la gente? Solo los hombres libres pueden negociar. Un preso no puede entrar en los contratos».

En 1988, Mandela fue trasladado a la prisión Victor Verster, permaneciendo allí hasta su liberación el 11 de febrero de 1990 por el presidente Frederik Willem de Klerk, presionado sobre todo por la comunidad internacional y la situación interna del país, que seguía teniendo a Mandela como su verdadero líder.

Presidente e Invictus

Durante su primera intervención ante la prensa apostó por una salida política para Sudáfrica que no menoscabase los derechos de los blancos. *Sin rencor*. Fiel a sus ideales de reconciliación tomó entonces las riendas de la transición del país y *cambió su condición de «peligroso opositor» por la de líder indiscutible*. En 1994 ganó las primeras elecciones democráticas a las que acudían sus compatriotas, convirtiéndose en presidente de Sudáfrica.

En su discurso inaugural, habló del enorme desafío de revertir el legado del apartheid: «Asumimos un compromiso, de construir una sociedad en la que todos los sudafricanos, blancos y negros, sean capaces de caminar con la frente en alto sin miedo en sus corazones, con la certeza de su derecho inalienable a la dignidad humana: una nación arcoíris, en paz consigo misma y con el mundo».

Mandela ha recibido alrededor de cincuenta doctorados honoris causa por distintas universidades del mundo y todo tipo de premios, entre ellos el premio Nobel de La Paz en 1993.

La victoria de Sudáfrica, país anfitrión, en la Copa Mundial de Rugby de 1995, sirvió para dar un mensaje de unidad. Mandela, fanático del deporte, presentó el trofeo al capitán blanco del equipo, François Pienaar, lo que fue interpretado como un gesto de hermandad por la minoría blanca.

Una vez en el poder, Mandela mantuvo la coherencia. No se aferró al sillón. Se retiró cuando llegó el momento y *siguió luchando desde la segunda fila por causas que ha considerado nobles*, como la erradicación del sida o de la pobreza en África.

Mandela ha recorrido el mundo como uno de los estadistas favoritos, recibiendo homenajes y reconocimientos. Tras abandonar el poder ha seguido utilizando sus cualidades de líder, ahora en el escenario internacional.

5

HISTORIAS INSPIRADORAS EN LOS NEGOCIOS

CHRIS GARDNER, *EN BUSCA DE LA FELICIDAD*

Seguramente muchos habéis visto la magnífica película *En busca de la felicidad (The Pursuit of Happynes)* y por tanto conocéis un poco la historia de Chris Gardner, interpretado en el film por Will Smith. Pero os contaré un poco más en detalle la historia de Chris, un hombre digno de admirar y ejemplo para todos.

Infancia

Christopher Gardner nació el 9 de febrero de 1954 en Milwaukee (Wisconsin). Es el segundo de los cuatro hijos que tuvo Betty Jean, quien siempre los motivó para que buscaran la felicidad. Su padre los abandonó cuando él era muy joven y su padrastro, que era alcohólico y muy violento, los maltrataba, tanto a él como a su madre y hermanas, convirtiendo su infancia en una etapa triste. En una ocasión su madre fue denunciada por su marido por un supuesto fraude a la Seguridad Social, lo que la llevó a prisión.

La madre de Gardner, Betty Jean, fue fuente de inspiración y fortaleza para él. Ella animó a Gardner a creer en sí mismo. Según él, le decía: «Sólo puedes depender de ti mismo, la caballería no va a venir a rescatarte.»

Mientras ella estuvo en prisión, Chris y sus hermanas fueron trasladados a hogares de acogida. En el centro de menores, *Chris fue violado* en una ocasión por un desconocido. A los ocho años de edad de Chris, su madre intentó quemar la casa donde vivían con su marido dentro. Ella fue acusada de intento de homicidio así que fue ingresada nuevamente en prisión y Gardner volvió al hogar de acogida. A raíz de este hecho conoció a tres tíos maternos, entre los que estaba uno llamado Henry, el cual fue la única imagen paterna que tuvo Gardner. Henry llegó cuando Gardner más lo necesitaba, fue su más profunda influencia pero… su tío Henry murió ahogado en el río Mississippi cuando su madre estaba en la cárcel.

Durante las décadas de los sesenta y de los setenta, Chris sintió un profundo orgullo por la cultura afroamericana influido por Martin Luther King Jr., Malcolm X y Eldridge Cleaver, así como un profundo interés por el racismo y la discriminación en África y Estados Unidos. También desarrolló un gusto por la música oyendo a James Brown y Miles Davis, lo que le llevó a aprender a tocar la trompeta.

Al terminar el instituto, siendo todavía un adolescente e influido por las historias que le había contado su tío Henry, Gardner *ingresó en el cuerpo médico de la Marina* de los Estados Unidos donde conoció al distinguido cardiólogo Robert Ellis, quien le ofreció trabajo como asistente en investigaciones clínicas en el centro médico de la Universidad de California (UCLA) y en el Hospital de Veteranos de San Francisco (VA Medical Center). En esta etapa de su vida aprendió a dirigir un laboratorio, cómo trabajar con distintos métodos quirúrgicos y además ayudo al doctor Ellis a escribir artículos y publicaciones médicas de éxito. Chris consideraba que la medicina era una carrera de casi diez años de duración, que exigía estar estudiando de forma permanente, por lo que decidió no estudiar para médico y considerar otras opciones de futuro más lucrativas.

Nace su hijo

El 18 de junio de 1977 se casó con Sherry Dyson, experta educativa en matemáticas, pero tres años más tarde se separó para irse con Jackie Medina, puesto que se había quedado embarazada de Gardner. Dejó a su esposa para mudarse con la madre de su primer hijo Chris (Christopher Jarret Medina Gardner Jr. nació el 28 de enero de 1981). Tenía mucha ilusión por el nacimiento de su hijo pero también muchos problemas económicos. Gardner se dio cuenta de que su empleo no era suficiente para mantener a su familia, viéndose obligado a buscar otro empleo. Pasó de ser asistente de investigaciones a dedicarse finalmente a la venta de equipos médicos, todo esto gracias a su experiencia como asistente. Fue un trabajo duro, pues nadie le dijo que los equipos médicos que él vendía eran considerados un lujo, pues había otros equipos que hacían la misma función y eran mucho más económicos.

El ferrari que cambió su vida

Según él mismo dice, su vida le cambiaría repentinamente cuando un día, después de cerrar una venta, observó en la calle a un hombre de traje bajarse de un ferrari. Chris se acercó y le dijo: «Disculpe, tengo que hacerle una pregunta. ¿Cómo se gana la vida?», y este le respondió: «Soy agente de Bolsa», respuesta que iluminó su destino, pues fue cuando supo a qué quería dedicarse.

Fascinado por el mundo de las finanzas, decidió emprender en este campo como fuese. Miraba su billetera y se daba cuenta de que le sería muy duro cubrir sus gastos, que sus ahorros eran muy pocos, pero él tenía muy claro su objetivo, quería cumplir su sueño. Comenzó por donar sangre para obtener algo extra. Chris se empeñó en convertirse en agente de Bolsa pero su situación económica era cada vez más crítica y no podía soportar todos los gastos de la casa y de su familia. Esta era una de las causas por las que su esposa y él discutían continuamente. Al poco tiempo, su esposa, ya cansada de la situación económica y tanto trabajar, lo abandonó y se llevó a su hijo. A Gardner no le preocupaba tanto que lo abandonara su esposa, sin embargo *no estaba dispuesto a dejar a su hijo*. Al día siguiente fue al colegio donde estudiaba y le dijo a su esposa que su hijo se quedaría con él. No estaba dispuesto a que su hijo sintiera el abandono de su padre como él lo había padecido. Y Chris Gardner seguía motivado para no bajar la guardia y *proseguir en busca de la felicidad*, tal y como su madre lo había preparado.

Gardner vio la necesidad de mudarse de donde vivía y decidió pintar el apartamento para entregarlo. En ese momento fue arrestado por la policía por no haber pagado 1.200 dólares en multas de tráfico. Estuvo diez días entre rejas, pero había conseguido una primera entrevista en la empresa de valores Dean Witter Reynolds. Sin dinero y hambriento, *tomó la decisión de presentarse* a la entrevista que tenía pactada con la misma ropa que llevaba puesta, la misma con la que había pasado los diez días en la cárcel. Y logró que lo admitieran en el programa de entrenamiento por seis meses, aunque no recibiría paga. Lo dejó todo y se dedicó exclusivamente a sus estudios, hasta tal punto que terminó viviendo en un albergue con drogadictos, desempleados desesperados e indigentes.

De aprendiz de Bolsa...

Como aprendiz de Bolsa siempre era el primero en llegar y el primero en salir, pues a diferencia del resto, él tenía a su hijo, que lo necesitaba. Trabajaba duro y realizaba al día casi doscientas llamadas para captar nuevos clientes. Como pasaba menos tiempo que sus compañeros en la oficina, siempre buscaba estrategias para que su jornada le rindiera más, por ejemplo, no tomar agua para no perder tiempo en ir al baño. *Terminó durmiendo en la calle*, en los autobuses, en las estaciones de tren e incluso en un baño cerrado en una estación del BART (Bay Area Rapid Transit). El poco dinero que ganaba lo repartía de tal manera que pudiese suplir las necesidades de su hijo y pagar la guardería que lo cuidaba al menos por unas horas al día.

Así pasó casi un año. Logró obtener un puesto a tiempo completo en la compañía Bear Steams & Company, tras pasar al primer intento un riguroso examen que se realizaba a los aspirantes a agente de Bolsa, siendo además el mejor de todos los candidatos de Dean Witter Reynolds.

Cinco años después, en 1987, Chris *creó su propia empresa*, empresa que se dedicaba a la gestión de deudas institucionales y planes de pensión públicas, Gardner Rich & Co, en el mismo apartamento donde vivía, con un capital de 10.000 dólares y con tan solo una mesa, la misma que utilizaba para sus comidas familiares.

... a millonario

En el 2006 vendió Gardner Rich & Co en un trato multimillonario y se convirtió en fundador de Christopher

Gardner International Holdings, con oficinas en Nueva York, Chicago y San Francisco. Ha realizado inversiones en Sudáfrica que crearán cientos de trabajos. En la actualidad también coopera en varias organizaciones filantrópicas como Cara Program y la Iglesia metodista de San Francisco que fueron quienes más le ayudaron cuando él y su hijo lo necesitaron.

Fundó un proyecto millonario en San Francisco que crea casas de renta baja y oportunidades de empleo. En Chicago da asistencias para vacantes de empleo, orientación laboral y capacitación a gente sin hogar ni recursos. También coopera con el National Fatherhood Initiative para la enseñanza de los niños. Ha recibido el premio al Padre del Año en 2002, el 25 Premio Anual Humanitario y en 2006 el Premio a Amigos de África.

Su historia pasó inadvertida hasta aparecer en una parte del programa *20/20*, en 2003. Una editorial se interesó e hizo un libro basado en su vida, que fue adaptado para la pantalla grande en la película *The Pursuit of Happyness (En busca de la felicidad)* producida por Columbia Pictures y protagonizada por Will Smith, quien fue nominado al oscar por la misma película. Gardner faltó al estreno para asistir a un evento de caridad el día de Navidad.

Curiosamente, Chris, emulando a aquel hombre que vio en la calle bajándose de un ferrari rojo, se compró un ferrari negro que perteneció a Michael Jordan, personalizando la matrícula con «NOT MJ», es decir, «no soy Michael Jordan».

Steven Paul Jobs nació en San Francisco (California) el 24 de febrero de 1955. Era hijo de Joanne Carole Schieble, una estadounidense de ascendencia suiza y alemana, y Abdulfattah Jandali, un inmigrante sirio musulmán. Estos dos jóvenes estudiantes universitarios lo entregaron en adopción, con la obligación de dar estudios universitarios al pequeño Steve, a una pareja de clase media, Paul y Clara Jobs (Hagopian) de origen armenio. Sus padres biológicos se casarían luego y tendrían otra hija, la novelista Mona Simpson, a quien Steve conoció en la edad adulta.

Fotografía de Norman Seef

En el seno de la nueva familia, Steve creció junto a su otra hermana, Patty. Su padre, Paul Jobs, era maquinista para la compañía estatal de transporte ferroviario, y su madre ama de casa. No tenían mucho dinero pero intentaron que Steve estudiara y rindiera académicamente. Sin embargo, Jobs nunca fue una lumbrera y a menudo se saltaba las clases. En 1961, la familia se trasladó a Mountain View, una ciudad al sur de Palo Alto, que empezaba a convertirse en un centro importante de la industria de la electrónica. Allí asistió al Cupertino Middle School y al instituto Homestead, también en Cupertino. A Jobs le interesaban mucho la electrónica y los *gadgets*, razón que lo llevó a unirse a un club llamado Hewlett-Packard Explorer Club, donde ingenieros de Hewlett-Packard mostraban a los jóvenes sus nuevos productos.

En 1972 entró en la Universidad Reed College de Portland (Oregón), pero tan solo asistió seis meses, antes de abandonarla debido al alto coste de sus estudios y la poca implicación que mostraba. No obstante, en vez de regresar a casa, continuó asistiendo a clases como oyente unos dieciocho meses más pero solo lo hizo a clases sueltas o de asignaturas que le atraían, como una relacionada con la caligrafía (curiosamente sus estudios en caligrafía le serían de utilidad cuando diseñara la tipografía del primer Mac). Durante esta época malvivió, se alimentó como pudo y su interés por la vida resultaba cuestionable.

Tras dos años fuera de casa, en otoño de 1974 regresó a California con el objetivo de realizar un retiro espiritual en la India, pero consiguió un trabajo como técnico en Atari Inc., un fabricante de videojuegos.

Pocos años después, aprovechando un viaje a Europa, decidió irse a la India, a donde fue acompañado por un antiguo compañero de la escuela secundaria y más tarde primer em-

pleado de Apple, Daniel Kottke. Durante ese tiempo experimentó con drogas psicodélicas, LSD, calificando sus experiencias como «una de las dos o tres cosas más importantes que había hecho en su vida».

Tras su regreso y de la mano de Steve Wozniak comenzó a asistir a las reuniones del Homebrew Computer Club, donde Wozniak le contó que estaba intentando construir un pequeño computador casero. Jobs se mostró especialmente fascinado con las posibilidades mercantiles de la idea de Wozniak y lo convenció para fabricar y vender uno. Steve Jobs se encargó de las ventas y negociaciones y Steve Wozniak, en secreto, de construir la máquina electrónica. Sin embargo, Steve Jobs no pagó a Wozniak el porcentaje que le correspondía, ya que de los 5.000 dólares ganados, solo pagó a Wozniak 350 cuando le correspondían 2.500 dólares.

En privado, según las biografías, parece que era un jefe autoritario y caprichoso, que hacía exigencias irrazonables y humillaba a sus empleados. A pesar de ser millonario conducía un mercedes sin placas de matrícula y solía aparcar en las plazas reservadas a los minusválidos.

En su vida personal, Jobs negó por dos años ser el padre de Lisa, que nació en 1978 tras un largo noviazgo con Chrisann Brennan, a quien abandonó e incluso no ayudó económicamente para la crianza y educación de su hija. Años más tarde bautizaría a un modelo de computadora con ese nombre. En la película *Piratas de Silicon Valley* se puede observar esa relación tan anormal que mantuvo (llegó a hacerse unas pruebas de paternidad que finalmente afirmaban que él era el padre) con Lisa.

Para los interesados en conocer más a fondo la vida real de Steve Jobs, sugiero leer su bio en Wikipedia y alguna de las biografías publicadas, como he hecho yo.

En 1985 fue condecorado con la Medalla Nacional de Tecnología por el presidente estadounidense Ronald Reagan.

En 2004, Premio al Visionario en los

Premios Billboard de Entretenimiento Digital.

El 27 de noviembre del 2007 fue nombrado la persona más poderosa del mundo de los negocios por la revista *Fortune*.

El 5 de diciembre del 2007, el entonces gobernador de California, Arnold Schwarzenegger, le incluyó en el Salón de la Fama de California, ubicado en el Museo de California de Historia, la Mujer y las Artes.

En octubre del 2009 fue elegido empresario de la década por la revista *Fortune*.

En diciembre del 2009 fue elegido director ejecutivo del año por la revista *Harvard Business Review*, por «incrementar en 150.000 millones el valor en Bolsa de Apple en los últimos doce años».

Como reconocimiento póstumo, en marzo del 2012 fue elegido por la revista *Fortune* como el mejor emprendedor de la historia moderna, seguido por Bill Gates.

Cronología de la historia de Steve Jobs y Apple

1976: Steve Jobs y Steve Wozniak lanzan el primer ordenador Apple en Palo Alto, California. Consistía en un panel de circuitos que costaba poco menos de setecientos dólares.

1977: Sale a la luz Apple II con un procesador de 1 MHZ. Se convierte en el primer ordenador fabricado de forma masiva y con un éxito instantáneo.

1980: Apple empieza a cotizar en Bolsa.

1983: Presentan un nuevo ordenador con el nombre de Lisa, el primer ordenador personal con un ratón para navegar y con iconos y carpetas en el escritorio. El inconveniente más grande fue su costoso precio, de casi diez mil dólares.

1984: Sale a la luz el nuevo ordenador de Apple con el nombre de Macintosh, esta vez más accesible al público.

1985: Steve Jobs renuncia a su puesto en la empresa tras perder el control de Apple en una lucha interna por el poder en la compañía.

1986: John Sculley se convierte en el presidente de Apple. Jobs empieza de cero con una empresa llamada NeXT Computer y compra la unidad de gráficos de Lucasfilm, a la que rebautiza como Pixar.

1996: Apple compra NeXT y convierte a Steve Jobs en asesor.

1997: Steve Jobs remplaza a Gil Amelio al frente de Apple y al mismo tiempo Microsoft invierte 150 millones de dólares en la compañía.

1998: Jobs moderniza la línea de productos de Apple, produciendo los ordenadores iMac por 1.300 dólares.

1999: Primera aparición del iMac portátil, que recibe el nombre de iBook.

2001: Apple lanza su reproductor de música mp3 con el nombre de iPod y abre la primera Apple Store en Palo Alto.

2003: Apple abre iTunes, su tienda online de música.

2004: Steve Jobs se somete a una operación arriesgada por un cáncer de páncreas.

2007: Apple lanza su teléfono móvil táctil, que recibe el nombre de iPhone 2G, y saca un nuevo reproductor de música táctil con el nombre de iPod Touch.

2008: Apple actualiza su teléfono táctil y su reproductor de música táctil, que se llamarán iPhone 3G e iPod Touch 2G respectivamente. Además, presentan la AppStore, la tienda de aplicaciones para el sistema operativo iOS.

2009: Steve Jobs se coge una baja médica en enero por un trasplante de hígado y vuelve al trabajo en junio, presentando la nueva versión actualizada del iPhone, que recibe el nombre de iPhone 3GS.

2010: Apple presenta el iPad en enero y sale a la venta en abril, convirtiéndose en un gran éxito. En mayo, Apple supera a Microsoft como primera compañía de tecnología estadounidense en términos de valor de mercado.

17 de enero del 2011: Steve Jobs se toma otra baja médica sin especificar los motivos. Apple reporta un beneficio neto trimestral récord de 6.000 millones de dólares sobre unos ingresos de 26.740 millones.

2 de marzo del 2011: Steve Jobs presenta el nuevo iPad 2.

6 de junio del 2011: Steve Jobs presenta el nuevo servicio gratuito de almacenamiento en línea iCloud.

19 de julio del 2011: Apple logra en el segundo trimestre 7.310 millones de dólares de beneficios, con unos ingresos de 28.570 millones.

9 de agosto del 2011: Apple se convierte por un corto tiempo en la compañía más valiosa del mundo en capitalización de mercado al superar a ExxonMobil.

24 de agosto del 2011: Steve Jobs anuncia su renuncia del cargo de CEO de la empresa y Tim Cook lo sustituye. Tras el anuncio, las acciones de Apple caen un 5,3 %.

4 de octubre del 2011: Tim Cook presenta el iPhone 4S, un iPhone más potente con una nueva función de asistente personal que responde a comandos de voz, con un pro-

cesador más rápido y una cámara de video de alta definición.
5 de octubre del 2011: Muere Steve Jobs.

Si te interesan otros detalles sobre la vida de Steve Jobs y Apple te invito a leer estos *posts* que he escrito en mi blog, www.jalacoste.com:
«No pierdas tu vida viviendo la vida de otros (homenaje a Steve Jobs)».
«Cómo crear una Marca ganadora. El ejemplo de Apple».
«Si eres emprendedor, piensa en los clientes… no en el dinero de los inversores».

Y para profundizar puedes acudir a la web www.allaboutstevejobs.com.

BILL GATES, DE VENDEDOR DE HUMO A LOGRAR EL SOFTWARE MÁS USADO

Bill Gates es el segundo de los tres hijos que tuvo el matrimonio formado por William Gates y Mary Maxwell. Nació el 28 de octubre de 1955 en Seattle, en la costa oeste de Estados Unidos, en el seno de una familia acomodada. Su padre era un destacado abogado, y su madre una ejecutiva de alto nivel del First Interstate Bank, uno de los mayores bancos del país.
Gracias a la favorable posición económica de su familia pudo ir desde los 13 años a Lakeside School, la escuela más prestigiosa y cara de Seattle. Fue allí donde descubrió muy pronto su pasión por los ordenadores gracias al Club de Madres. Y es que tras una rifa benéfica, este grupo de mujeres logró comprar un ordenador para el colegio. Bill Gates y su

amigo Paul Allen *programaban juegos sencillos* sentados frente a aquel enorme, pesado y lento aparato. Aquel ordenador, llamado PDP-8, fabrica-

do por Digital Equipment, costaba 18.000 dólares, unos 13.400 euros. Ocupaba el tamaño de un pequeño armario de metro y medio de altura, pero sirvió para que el joven Bill de tan solo 13 años soñase con que algún día millones de individuos podrían tener sus propias computadoras.

«Estoy seguro de que una de las razones por las que estaba tan decidido a ayudar a que se desarrollara el ordenador personal era porque quería tener uno para mí.»

De Seattle a Harvard, Albuquerque...

En 1973 ingresó en la prestigiosa Universidad de Harvard, pero en 1975 la abandonó. La verdad es que *no era muy aplicado*. «Durante mi primer año, instituí una política deliberada de saltarme la mayoría de las clases para después estudiar febrilmente al final del curso», confesaría muchos años después en un libro de recuerdos. ¿Y qué hacía durante su tiempo libre? «Llené mis horas de ocio con una buena cantidad de póquer.»

Un día, deambulando por las calles cerca de la universidad, Gates y Allen se fijaron en la revista *Popular Electronics*, que mostraba una especie de pequeña computadora, sin teclado ni pantalla, para ensamblar en casa por 397 dólares. Su nombre era Altair 8080, y lo más importante de todo es que llevaba en el corazón un innovador chip 8080 de Intel. Gates y Allen quedaron sorprendidos ante esa máquina. Paul Allen consiguió el manual del Altair 8080 y con Gates se dedicó a escribir un programa basic modificado para usar en esa computadora de la revista. «Paul y yo no dormimos mucho y perdimos la noción de la noche y el día —confesaría Gates años después—. Pero a las cinco semanas, teníamos escrito nuestro basic y había nacido la primera compañía de software para microcomputadoras. En su día la denominamos Micro-Soft.»

Fue entonces cuando Bill Gates *decidió abandonar la universidad*. Tenía 19 años. Bill Gates fue en aquella época un hombre orquesta en Microsoft. Era agente comercial, llevaba las finanzas y el marketing, y mejoraba su propio programa. Estaba naciendo la industria del ordenador personal y las empresas informáticas acudían a Microsoft con toda clase de proyectos. El volumen de trabajo era tan desmesurado que Gates recurrió a un viejo compañero de la universidad llamado Steve Ballmer para que se ocupara de dirigir la compañía, ya que Gates no quería dedicar más de un 10 % de su esfuerzo mental a los negocios. Ballmer aceptó con la condición de que le diera manga ancha para contratar personal. Gracias a ello, las ventas de Microsoft crecieron incluso más rápido de lo que esperaban.

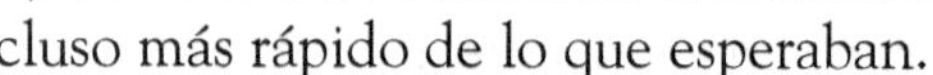

El 13 de diciembre de 1977, cuando Bill tenía 22 años, la policía de Albuquerque, Nuevo México, lo detuvo por conducir sin licencia. Lo llevó a la comisaría y le hizo varias fotos de frente y de perfil. El joven, que usaba gafas enormes, sonrió mientras sostenía su número de ficha policial: 105.519.

Y *nacieron* MS-DOS *y* *Windows*

Fue en 1980 cuando en las oficinas de Microsoft en Seattle se presentaron dos emisarios de IBM que les hicieron un encargo histórico: escribir el software para un ordenador personal que se estaba cociendo en sus laboratorios. Gates, a pesar de que solo tenían unas líneas de código, muchas ideas y ganas de hacerlo, logró que IBM les encargara su desarrollo. Fue una «fantasmada» porque no tenían lo que IBM necesitaba, pero Gates lo consiguió y en el plazo acordado le entregaron el programa. Así nació lo que posteriormente se llamaría MS-DOS (Microsoft Disk Operating System).

En agosto de 1981, IBM presentó su PC (Personal Computer) y comenzó a usar el MS-DOS de Microsoft aunque IBM no tenía la exclusiva del programa, sino que Microsoft la cedía también a otras empresas de ordenadores. Y así, gracias a las aportaciones de ambos, nacieron los famosos clónicos del PC que *empezaron a crecer como hongos y abarataron la industria.*

En poco tiempo, Microsoft *se convirtió en el estándar de la industria* y Gates consiguió salir en 1984 en la portada de *Time* por primera vez (saldría seis veces más) como el hombre que había hecho magia con chips. Durante todo este periodo se sucedieron las peleas con Steve Jobs, quien llegó a contratar a Bill Gates, pero finalmente este abandonó Apple para seguir con sus propios planes al frente de Microsoft.

Tras el MS-DOS llegó Windows como una evolución gráfica y funcional. A medida que los programas de Microsoft invadían el mercado aparecieron nuevos fabricantes como Dell, Compaq y Toshiba, interesado en equipar sus PCs con programas de Microsoft. Gates necesitaba dinero para seguirles el ritmo y ofreció a IBM la tercera parte de Microsoft, pero el gigante, quizás enfermo de soberbia, rechazó la oferta. Entonces, en 1986, Bill *decidió sacar su empresa a Bolsa* y dado que la mayor parte de sus empleados eran accionistas, les convirtió en millonarios de la noche a la mañana. La acción salió a un precio de 21 dólares (casi 16 euros) y en pocos segundos subió a 29.

Luces y sombras

Aunque también tuvo tropiezos, el magnate del software *es uno de los artífices del desarrollo de la informática y del sector tecnológico global*. Probablemente tiene tantos admiradores como detractores, pero es junto a Steve Jobs, Paul Allen y Wozniak uno de los padres de la revolución tecnológica actual. Su principal acierto y fuente de éxitos fue la apuesta por introducir un ordenador personal en todos los hogares y oficinas.

Se dio cuenta antes que nadie de que el software se podía vender por separado. Y ese es otro de los grandes éxitos del creador de Windows, haber demostrado el valor que tiene convertirse en plataforma, en el estándar sobre el que otras empresas puedan crear nuevos programas y servicios, un modelo que después se ha repetido en todos los sectores del mundo tecnológico. *The New York Times* lo considera creador del efecto de red, por el que un producto se vuelve más valioso cuanta más gente lo utiliza. El correo electrónico y el teléfono son claros ejemplos de ello, y su sistema operativo también.

Actualmente *es el segundo hombre más rico del mundo* según la revista *Forbes*, con una fortuna de 65.000 millones de dólares. Está casado con Melinda Gates, y ambos ostentan el liderazgo de la Fundación Bill y Melinda Gates, dedicada a reequilibrar oportunidades en salud y educación a nivel local, especialmente en las regiones menos favorecidas, razón por la cual han sido galardonados con el Premio Príncipe de Asturias de Cooperación Internacional 2006.

Reinhard Mohn, aprovechar los obstáculos para mejorar

Reinhard Mohn era uno de los seis hijos de un alemán que seguía llevando la empresa familiar de litografía fundada por su tatarabuelo, Carl Bertelsmann, en 1835. La empresa prosperó pero en la crisis de 1923, cuando la hiperinflación sacudió Alemania, redujo su plantilla de 84 a seis personas. Luego se recuperó y en 1939, poco antes de que estallara la segunda guerra mundial, ya empleaba a más de cuatrocientos cuarenta trabajadores.

Aunque le hubiera gustado estudiar ingeniería, no pudo ir a la universidad, ya que tuvo que ir a la segunda guerra mundial. Y *fue este hecho dramático el que le aportó valores* que conservó y aplicó en su vida. Estuvo combatiendo con su unidad del Afrikakorps en Túnez, donde fue herido gravemente. Las tropas norteamericanas se acercaron a tomar su posición y un soldado yanqui lo vio. Reinhard pensó que era hombre muerto, porque lo normal era disparar contra los prisioneros antes de que huyesen. Reinhard no tenía la intención de huir, pero confió su alma a la suerte. El soldado americano no le disparó, sino que se acercó a sanarlo y lo bajó a hombros de la colina donde estaba malherido. Eso le hizo pensar a Mohn en *el valor de la confianza*. Se dio cuenta de que había algo intangible que definía el valor de los humanos y que se llamaba confianza. Fiabilidad. *Trust. Vertrauen*.

Desde África, Mohn fue trasladado a un campo de concentración en Kansas, el campo Concordia. Allí estuvo tres años, que aprovechó para aprender inglés y *management*. Mohn reconoce que descubrió que los americanos habían convertido la gestión de empresas en una ciencia, lo cual fue una sorpresa para él. Allí aprendió algo que aplicaría posteriormente.

Los obstáculos te sirven de inspiración para encontrar nuevas oportunidades

Cuando terminó la guerra, Mohn regresó a Alemania y a pesar de que se encontró un país y una empresa «destrozados» por los bombardeos, la confianza en sí mismo que había construido durante la guerra y en el campo de concentración le sirvieron para levantar de nuevo la empresa Bertelsmann.

En España, Reinhard Mohn creó el Club Círculo de Lectores y la imprenta Printer en 1962 y, a partir de ahí, desarrolló una exitosa actividad empresarial que incluye la editorial Random House Mondadori (Plaza & Janés, Grijalbo, Debate) y la editora de revistas GyJ, con cabeceras como *Muy Interesante*, *Ser Padres* o *Cosmopolitan* y *Marie Claire*. El grupo Bertelsmann también es accionista minoritario de la cadena de televisión Antena 3 TV a través de su filial RTL.

Gracias a la gestión de Mohn, el grupo Bertelsmann es hoy día *una compañía internacional de medios de comunicación* con más de cien mil empleados en más de cincuenta países.

Mohn obtuvo el Premio Príncipe de Asturias de Comunicación y Humanidades en 1998. También recibió la Gran Cruz de la Orden del Mérito Civil en 1999 y el título de hijo predilecto de la ciudad de Alcúdia (Mallorca) en 2005, entre otros reconocimientos internacionales entre los que destaca la Orden del Mérito Federal con insignia de la República Federal de Alemania. Falleció en octubre de 2009.

HELOISA ZICA ASSIS, CONVERTIR UN PROBLEMA EN OPORTUNIDAD

Zica Assis es la fundadora de una gran empresa de éxito en Brasil, Beleza Natural, dedicada a ofrecer diferentes productos de belleza para la mujer, especialmente productos para el pelo. Aunque no es una persona de gran relevancia mediática en Europa, es el claro ejemplo de mujer que se ha hecho a sí misma y ha triunfado con su propio negocio.

En Brasil, la compañía cuenta actualmente con 12 tiendas en Río de Janeiro, Bahía y Espíritu Santo. Empezó con cuatro empleados en 1993 y ahora son más de mil cuatrocientos. Cada mes, 80.000 personas se acercan a Beleza Natural para hacerse diferentes tratamientos. La mayoría de sus clientes son mujeres trabajadoras de entre 18 y 45 años. También la empresa tiene un centro de entrenamiento para el personal y una fábrica que hace más de doscientas cincuenta toneladas de productos para el pelo por mes.

Cómo un problema se convierte en un negocio

Zica es brasileña y por su origen racial tiene un color de piel y pelo propio de muchas mujeres brasileñas. Como se puede ver en la imagen, su pelo es largo pero rizado, muy rizado. Proviene de una familia pobre en la que había 13 niños y creció en una favela de Río. Cuando tenía 9 años comenzó a trabajar como mucama y personal de limpieza para traer dinero a la casa. Ella recuerda que de pequeña le preocupaba que el volumen de su cabello pudiera causar mala impresión en la casa de la gente rica. Entonces, la alternativa era alisarse el cabello con productos químicos. De adolescente, se sentía obligada a hacerlo. «No me gustaba, pero seguí alisándome el pelo hasta los 21. Luego dije "basta, quiero usar mi pelo al natural".»

Zica se inscribió en un curso de peluquería que se dictaba en una iglesia de la favela donde vivía. Y así fue cómo comenzó la investigación y el inicio de lo que posteriormente sería su negocio. Pasó más de diez años mezclando todo tipo de cremas para el cabello en busca de una fórmula para cuidar su pelo enrulado sin necesidad de alisarlo, una práctica muy común para la población negra brasileña que no quiere lucir un estilo afro.

Cuando se quedó conforme con los resultados, abandonó su trabajo de empleada doméstica y convenció a su marido para que vendiese el auto que usaba como taxi. Así, en 1993 invirtió 1.500 dólares para abrir un pequeño salón de belleza. Muy pronto comenzaron a formarse largas filas a la entrada del salón, una casa antigua en un barrio pobre de Río de Janeiro. Las puertas se abrían a las ocho de la mañana, pero desde varias horas antes las mujeres hacían fila. «Ofrecíamos algo novedoso, que no existía en el mercado», dice esta exitosa mujer de 51 años a la que todos llaman *Zica*.

Después de numerosos intentos, había inventado una fórmula para tratar el cabello, enriquecida con nutrientes y humectantes como cacao y extracto de asaí. El producto conseguido transforma el pelo extremadamente crespo en bucles suaves y elásticos, sin necesidad de utilizar productos para alisarlo.

La mitad de la población brasileña es negra o mestiza. Sin embargo, la industria del sector de la belleza se había concentrado sobre todo en las personas de ascendencia europea, olvidando un *target* o nicho tan importante e inmenso como es el de las mujeres negras con pelo largo rizado, algo habitual en Brasil.

Y así es como *Zica logró convertir un problema*, su pelo natural rizado, *en una gran oportunidad de negocio que nadie antes había atendido*. Aunque el tratamiento atrae particularmente a las personas de ascendencia africana, *Zica* dice que no define su mercado por la raza. Ya sean blancos o negros, el 75 % de los brasileños tiene pelo rizado. Como ella señaló, «el mercado sencillamente no lo notó antes que yo. Se había olvidado de la gente con rulos.»

Zica dice que su principal preocupación es mantener precios accesibles. «Venimos de bien abajo, sabemos por lo que pasa la gente. Yo no podía ir a una peluquería y no me olvido de esa realidad.»

Su mayor satisfacción, dice, es ver cómo sube la autoestima de sus clientes, orgullosas de su nuevo pelo.

«Cuando eres un empresario, tienes muchos sueños y crees que los demás sueñan contigo. Pero no es así. Si vas a un banco y pides un préstamo, la gente quiere pruebas. Por mucho tiempo tuvimos que trabajar viviendo al día.»

Y tú, ¿tienes un problema? *Busca la forma de convertirlo en oportunidad de negocio.*

INDRA NOOYI, TRABAJAR MÁS QUE LOS DEMÁS PARA TRIUNFAR

Indra Nooyi es india, presidenta y directora ejecutiva de PepsiCo, la segunda potencia multinacional de refrescos, y «la ejecutiva más poderosa del mundo» según la revista *Fortune*. Logró impulsar el cambio de la compañía hacia un modelo más consciente de la salud y el impacto medioambiental. Mujer, esposa, madre, ama de casa y hasta «ama de llaves», según bromea, se convirtió en la primera CEO de la empresa nacida fuera de los Estados Unidos.

Indra Nooyi fue nombrada presidenta y CEO de PepsiCo el 1 de octubre del 2006 y asumió el cargo de presidenta el 2 de mayo del 2007. Ha dirigido la estrategia mundial de la compañía durante más de una década y dirigió su reestructuración, incluida la enajenación de sus restaurantes, que se convirtieron en los prósperos YUM! Brands, Inc., la adquisición de Tropicana, la fusión con Quaker Oats que atrajo consigo los vitales negocios de Quaker y Gatorade a PepsiCo y la fusión con las principales compañías embotelladoras de PepsiCo.

Antes de convertirse en CEO, Indra Nooyi ejerció de presidenta y directora financiera a principios del 2001, cuando también fue nombrada para el consejo de administración de PepsiCo. En este cargo, era responsable de las funciones corporativas, incluida la optimización de los procesos financieros, estratégicos y comerciales, las plataformas corporativas y la innovación, adquisiciones, relaciones con los inversores y tecnología de la información. Entre febrero del 2000 y abril del 2001, Indra Nooyi fue vicepresidenta primera y directora financiera de PepsiCo. Entre 1996 y 1999, Indra Nooyi fue vicepresidenta primera de estrategia y desarrollo corporativos.

Antes de incorporarse a PepsiCo en 1994, Indra Nooyi ocupó durante cuatro años el cargo de vicepresidenta primera de estrategias y marketing estratégico para Asea Brown Boveri, una empresa industrial con sede en Zúrich. Allí formó parte del principal equipo de gestión responsable de los negocios de la compañía en Estados Unidos, así como de sus negocios industriales en todo el mundo, que representaban aproximadamente 10.000 de los 30.000 millones de dólares de ABB en ventas mundiales.

Entre 1986 y 1990, Indra Nooyi trabajó para Motorola, donde fue vicepresidenta y directora de estrategia corporativa y planificación. Antes de incorporarse a Motorola, dedicó seis años a la dirección de los proyectos internacionales de estrategia corporativa en The Boston Consulting Group.

Indra Nooyi inició su carrera en India, donde ocupó cargos de gerente de productos en Johnson & Johnson y en Mettur Beardsell, Ltd., una empresa textil.

Además de ser miembro del consejo de administración de PepsiCo, Indra Nooyi forma parte de la junta del Consejo Empresarial Estados Unidos-China, el Consejo Empresarial Estados Unidos-India, el Foro de Bienes de Consumo, Catalyst, Lincoln Center for the Performing Arts, The Peterson Institute for International Economics, Grocery Manufacturers Association y la Federación de Fútbol de Estados Unidos. Asimismo, es una *successor fellow* de Yale Corporation y fue nombrada para el Foro de Directores Generales Estados Unidos-India por la Administración Obama.

Y, ¿de dónde viene?

Nació en Madrás (India) el 28 de octubre de 1955, en el seno de una familia fuertemente marcada por la influencia materna. Estudió matemáticas, física y química, y Máster en Administración de Empresas por el Indian Institute Management de Calcuta. Al acabar, consiguió su primera ocupación en Tootal, una compañía textil británica. Al poco fue contratada por Johnson & Johnson, fabricante de productos para el cuidado personal. Ahí empezó a experimentar la sensación de que tal vez no tenía la suficiente preparación para prosperar en esa jungla. Entonces *se propuso emigrar a Estados Unidos para completar su formación*. Era muy consciente de las dificultades que planteaba algo así, siendo una mujer en un país con una ideología anclada en el pasado. Sus padres, sin embargo, la apoyaron, y en 1978 ingresó en la Universidad de Yale.

Ese fue el punto de arranque de su gran éxito, en lo personal (en Yale conoció al que sería su marido) y en lo profesional. Aunque disponía de una beca de la universidad, Indra Nooyi *aceptó trabajar de recepcionista nocturna para poder sobrevivir.* En más de una ocasión ha reconocido que iba vestida con el sari porque no tenía dinero para comprarse ropa.

Según ella misma ha contado, su madre, Shantha Krishnamurthi, solía sentar cada noche a ella y a su hermana y les proponía un particular juego de sobremesa: ambas debían pensar el discurso que darían si fueran presidentas de la India. Al final de la cena, la mujer escuchaba atentamente las disertaciones y decidía por quién iba a votar. Pero otras veces el juego cambiaba y la consigna era: «"Y si estuvieras casada y tuvieras hijos… ¿cómo te ocuparías de eso?". Lo que nos estaba diciendo en realidad era: sueñen y pueden ser lo que quieran… Pero se tienen que casar y tener hijos».

Para su primera entrevista de trabajo en los Estados Unidos, en la empresa Boston Consulting Group, Nooyi no tenía qué ponerse. En su armario solo había jeans y ropa informal. El único lugar en el que podían venderle algo por los 50 dólares que tenía no incluía puertas en el probador. A Nooyi le dio desconfianza vestirse atrás de unas cortinas y prefirió llevarse la ropa sin probarla. Así que llegó a la entrevista con un pantalón cinco centímetros más corto y un saco inmenso. Cuenta que los que la vieron entrar se asustaron. «Realmente me veía horrible. ¡Tenía un aspecto espantoso!»

Terminada la entrevista, Nooyi se puso a llorar y la encargada de consolarla fue la responsable de recursos humanos, que le preguntó qué se pondría para ir a una entrevista de trabajo en la India. «Un sari», dijo ella. «Entonces, para la próxima entrevista ven con un sari», le propuso la mujer. Al día siguiente, Nooyi llegó a su entrevista laboral vestida con un traje tradicional de la India y se quedó con el único puesto que había vacante y para el cual habían entrevistado a más de cincuenta personas. «Si no te aceptan por ser quien eres, no te merecen», le había dicho la mujer.

«Ahí entendí algo que nunca voy a olvidar. Los Estados Unidos son una meritocracia. Si uno hace bien su trabajo, si trabaja intensamente y es capaz, siempre te dan una oportunidad. No importa que seas hombre, mujer, india, argentina, alto, bajo...»

Competir y trabajar

Indra es un claro ejemplo de lucha y esfuerzo por alcanzar un sueño. Ella era consciente de que por su condición de mujer e india tenía que esforzarse más que los demás. Pero esta situación, lejos de hacerla abandonar, le sirvió de motivación para entregarse a los estudios y mejorar su formación. Cuando creyó que ya tenía capacidad para competir en el mercado laboral se enfrentó a la primera entrevista y, a pesar de no tener dinero para comprar la vestimenta adecuada, supo demostrar que conocimientos y aptitudes le sobraban. Se esforzó, estudió y compitió en un entorno altamente dominado por los hombres pero ella estaba segura de sus capacidades. Luego ha tenido la oportunidad de demostrarlo en los sucesivos puestos que ha ocupado y la han llevado al reconocimiento mundial.

Samuel Moore Walton (29 de marzo de 1918-5 de abril de 1992) fue un hombre de negocios y empresario estadounidense, conocido por haber fundado una de las tiendas minoristas más importantes de Estados Unidos y del mundo, Wal-Mart.

Walton destacó en atletismo en la escuela secundaria. Al crecer, durante la Gran Depresión, Walton hizo numerosas tareas para ayudar económicamente a su familia. Ordeñaba las vacas, y posteriormente, embotellaba el excedente y lo distribuía a los clientes. Más tarde, repartiría periódicos a domicilio y también vendería suscripciones de revistas. Al graduarse, fue nombrado «el chico más versátil» de su generación. Asistió a la Universidad de Missouri y se especializó en economía, consiguiendo después el puesto de oficial del ROTC (Reserve Officers Training Corps). Durante ese tiempo desempeñó varios trabajos, entre ellos servir de mesero a cambio de comida. Se alistó en el ejército para servir en la segunda guerra mundial en los cuerpos de inteligencia, llegando a obtener el grado de capitán.

La primera tienda

En 1945, al dejar el ejército, Walton decidió que quería abrir una tienda que vendiera mercancía variada. Con la ayuda de su suegro, que le prestó 20.000 dólares, y sus ahorros de soldado, que ascendían a otros 5.000, Walton montó una tienda franquicia en Newport, Arkansas. En 1950, cinco años después, su local era el mejor y el más rentable de todo el estado.

Pero su éxito no iba a durar, ya que al poco tiempo el propietario del negocio decidió comprarlo para su hijo y Walton, que era inexperto, había obviado poner una cláusula común en el contrato de *leasing* que le hubiese permitido renovarlo, así que se quedó sin nada. Y... *tuvo que comenzar todo nuevamente.*

La hora de la verdad

La segunda vez lo intentó en Bentonville, otra pequeña ciudad de Arkansas. Cuando Walton abrió este negocio, su suegro, curado de espanto, negoció un alquiler de 99 años. Pronto aquella tienda en Bentonville triplicó su volumen y había obtenido ganancias comparables con las de Newport.

Treinta años más tarde, Wal-Mart ya contaba con 1.900 supertiendas, más de 430.000 empleados, ventas por 55.000 millones de dólares y ganancias por 2.000 millones de dólares, convirtiéndose así en *el hipermercado más grande del mundo.*

Entre 1976 y 1980 Walton abrió nada más y nada menos que 151 locales. Y para decidir cuál sería la nueva localización, le encantaba explorar nuevos lugares en un avión pequeño que él mismo pilotaba.

Se centró en el cliente y en el precio

Walton estaba convencido de que *la idea del autoservicio y del descuento era el camino del futuro*. Su lema: comprar barato, apilarlo todo y venderlo también barato. Su objetivo era vender más volumen sacrificando margen. Todos los costes que ahorraba a los proveedores se los traspasaba en bajo coste a los productos.

Para ganar a la competencia también *se centró en sus empleados*: tenían que ser amigables, entusiastas y provechosos, porque el éxito dependía de ellos. Walton reconoció que la clave para mantener bajos costos y ganancias altas era *el control de inventario*, ordenando los productos necesarios en la cantidad justa: muy poco stock significaba pérdida de ventas, pero demasiado implicaba un excesivo costo. Y dicho control de inventario requería dominio de la información: ¿qué era lo que se vendía?, ¿qué había en las tiendas?, ¿qué era lo que el cliente requería? Así, Wal-Mart se transformó en *una de las primeras grandes cadenas que instaló códigos de barras* en las cajas registradoras conectadas a una computadora central.

Luego, avanzó en un sistema de comunicaciones satelitales que emitía los datos desde las tiendas hacia Bentonville, la sede central. A principios de los noventa del siglo pasado, la empresa había gastado más de 500 millones de dólares en su red de comunicaciones. Gracias a la tecnología y las comunicaciones entre todas las tiendas, la sede central, las plantas de los fabricantes y el centro computarizado, pudo observar la manera en que la gente compraba. Recogía información de los clientes y el comportamiento de compra. El *customer experience* que llaman ahora. De este modo, convirtió el flujo de las transacciones de productos en un conocimiento profundo y sistemático de las preferencias de los compradores, sensibilidad al precio y comportamiento de compra. En otras palabras, Sam Walton *logró escuchar lo que las transacciones le decían sobre el cliente.*

«Las expectativas altas son la llave para alcanzarlo todo.»

Aprender las reglas para luego romperlas

Walton cambió la manera de hacer compras. Primero *aprendió todas las reglas de la venta al por menor y luego las rompió,* reconociendo que los nuevos paradigmas de auto-servicio y descuento iban, definitivamente, a dar resultado en los pueblos pequeños y rurales de los Estados Unidos. De hecho, el empresario notó que su cadena podría tener éxito en localidades con menos de 5,1 habitantes si ofrecía algún tipo de incentivo a la gente para animarla a viajar entre 10 y 20 kilómetros. Pero también observó que las comunidades rurales, donde se instaló la firma, podían mantener una tienda de descuento y no dos. Por ello, uno de los elementos clave en el éxito de Wal-Mart fue la falta de competencia en esos lugares. Una vez que la firma estaba en una ciudad, ninguno de los llamados «vendedores de descuento» comparable podía establecerse. Esa fue *la ventaja clásica de ser el primero:* el que pega antes, pega dos veces. Wal-Mart ganó así un fuerte poder sobre un mercado, cuyo potencial sólo Walton comprendió. Su fórmula fue perfecta para el crecimiento de valor y ganancia superior.

Pero el éxito de la cadena y de su paradigma tenía su punto débil en su relación con los proveedores, así que Wal-Mart arregló ese problema formando una sociedad con su proveedor más grande, Procter & Gamble, para alinear objetivos, coordinar y compartir información. De esta manera, ningún proveedor podía hacer negocios con esas compañías, salvo que quisiesen convertirse en un eslabón fuerte. Las firmas que quisieran transaccionar con Wal-Mart tenían que cambiar sus modelos de negocios instrumentando mejoras en sus sistemas, sus intercambios de datos electrónicos y su entrega «justo a tiempo».

Las diez reglas de Sam Walton (de su libro The Ten Rules of Sam Walton: Success Secrets for Remarkable Results)

1. Comprométase a triunfar y sea entusiasta. Sam Walton estaba absolutamente decidido a hacer lo que fuera necesario para realizar sus sueños. Solía ir a trabajar a las cuatro de la mañana para poder revisar los informes de venta del día anterior y pensar un poco antes de que llegaran los demás ejecutivos.

2. Comparta el éxito con quienes lo han ayudado. Sam Walton siempre creyó en que los equipos eran más poderosos que los individuos. Por tal motivo, desde el principio estableció un programa de reparto de las ganancias. Esto convirtió a sus empleados en un equipo de socios motivados y muy leales.

3. Motive a los demás a hacer sus sueños realidad. «Procure que las personas que trabajan con usted se sientan bien. Ayúdelas a realizar cosas que nunca soñaron que pudieran hacer. Bríndeles oportunidades para hacer cosas impresionantes y no se entrometa. Crea en las personas y permítales descubrir su potencial.» Sam Walton siempre tenía grandes expectativas para cualquiera que trabajara con él, independientemente de su origen. Walton establecía altos estándares y luego procuraba lo necesario para que el empleado los alcanzara. De este modo, los empleados sentían confianza en sí mismos y se desataba un ciclo de continuos logros.

4. Comuníquese con la gente y muestre interés. «Comparta tanta información como sea posible con sus empleados. Ayúdelos a entender por completo cómo funciona el negocio. Cuanto más sepan, más podrán hacer por el negocio. Analice y discuta la información sobre el negocio abierta y claramente.»

5. Aprecie y reconozca el esfuerzo y los resultados. Sam Walton era muy hábil para motivar a la gente. Esto era posible gracias a su personalidad, pero también a su facilidad para detectar cuándo la gente necesitaba reconocimiento y sentirse satisfecha. Sam Walton se aseguraba de que los empleados que hacían bien sus trabajos fueran reconocidos.

6. Celebre sus propios logros y los de su equipo. En un viaje a una fábrica de pelotas de tenis en Corea, Sam Walton se dio cuenta de que todos los empleados participaban en las celebraciones. Esto le encantó, y fue entonces cuando inventó la ya famosa celebración de Wal-Mart. Es algo así: «¡Dame una w! ¡Dame una A! ¡Dame una L!...».

7. Escuche a los demás y aprenda de sus ideas. Sam Walton ejemplificaba mejor que nadie al típico líder servicial. No consideraba que los empleados debían reportarle continuamente. Por el contrario, creía que su papel era proveer a los empleados de todo lo necesario para que lograran satisfacer al cliente.

8. Busque la manera de superar las expectativas. La estrategia de negocios de Wal-Mart fue creada desde un principio para asegurar que la compañía se destacara del resto. La estrategia consiste en dos elementos: ofrecer gran variedad a buenos precios, para que la gente venga a la tienda, y procurar que los clientes vuelvan una y otra vez.

9. Controle los gastos y procure prosperar. La pasión de Sam Walton por el ahorro era legendaria. Nunca tuvo tiempo de gastar dinero absurdamente. Además, siempre animaba a cualquiera que tuviera una idea para ahorrar más dinero a que la expresara.

10. Nade siempre a contracorriente. Sam Walton desafió al statu quo mientras Wal-Mart se desarrollaba y consolidaba. Cada vez que se le presentaba un reto, lograba convertirlo en una oportunidad para mejorar. Aunque cometió errores, siempre estaba dispuesto a aprender de ellos.

6

Historias inspiradoras en la ciencia

Charles Darwin, un inadaptado que descubrió el origen de las especies

Charles Robert Darwin nació en Shrewsbury, Shropshire (Inglaterra), el 12 de febrero de 1809. Fue el quinto de seis de los hijos habidos entre Robert Darwin, un médico y hombre de negocios acomodado, y Susannah Darwin (apellidada Wedgwood de soltera). A los 8 años, Charles ya mostraba predilección por la historia natural y por el coleccionismo de ejemplares cuando en 1817 se incorporó a la escuela diurna, regida por el predicador de la capilla donde asistía a los cultos. En julio de ese mismo año falleció su madre.

En 1825 se marchó a la Universidad de Edimburgo para estudiar medicina pero encontró sus clases tediosas y la cirugía insufrible, de modo que no se aplicaba a los estudios. Aprendió taxidermia con John Edmonstone, un esclavo negro liberto que había acompañado a Charles Waterton por las selvas de Sudamérica.

Esta falta de atención a sus estudios de medicina disgustó a su padre, quien lo envió al Christ's College de Cambridge para obtener un grado en letras como primer paso para ordenarse como pastor anglicano. Darwin llegó en enero de 1828, pero prefería la equitación y el tiro al estudio. Su primo William Fox lo introdujo en la moda popular de coleccionar escarabajos, a la que se dedicó con entusiasmo, consiguiendo publicar algunos de sus hallazgos en el manual *Illustrations of British Entomology* de James Francis Stephens. En el examen final de enero de 1831 Darwin aprobó, quedando el décimo de una lista de 178 examinados. Pero él continuó con la lectura de tratados sobre la adaptación biológica y las leyes naturales.

Ese mismo año de 1831 un antiguo profesor suyo de botánica, John Stevens Henslow le envió una carta en la que le proponía un puesto como naturalista sin retribución para el capitán Robert Fitzroy, más como un acompañante que como mero recolector de materiales en el *HMS Beagle*, que zarparía en cuatro semanas en una expedición para cartografiar la costa de América del Sur. Su padre se opuso en principio al viaje que se planeaba para dos años, aduciendo que era una pérdida

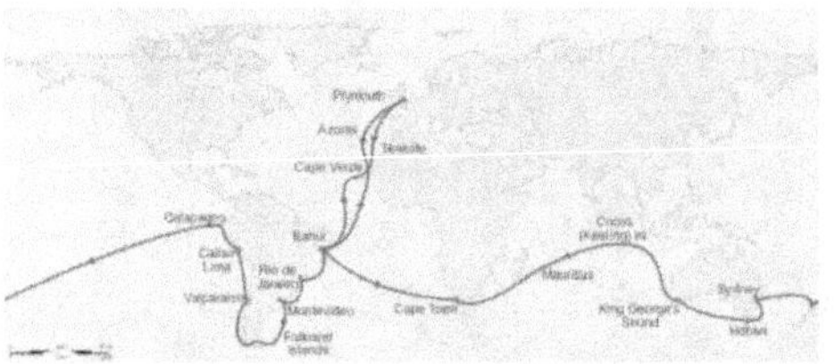

de tiempo, pero su cuñado Josiah Wedgwood lo persuadió, aceptando así finalmente la participación de su hijo.

El viaje del Beagle

El viaje del *Beagle* duró casi cinco años, zarpando de la bahía de Plymouth el 27 de diciembre de 1831 y arribando a Falmouth el 2 de octubre de 1836. Tal como Fitzroy le había propuesto, el joven Darwin dedicó la mayor parte de su tiempo a investigaciones geológicas en tierra firme y a recopilar ejemplares, mientras el *Beagle* realizaba su misión científica para medir corrientes oceánicas y cartografiaba la costa. Darwin tomó notas escrupulosamente durante todo el viaje, y enviaba regularmente sus hallazgos a Cambridge, junto con una larga correspondencia para su familia que se convertiría en el diario de su viaje.

Cuando el *Beagle* regresó el 2 de octubre de 1836, Darwin se había convertido en una celebridad en los círculos científicos, ya que en diciembre de 1835 Henslow había promovido la reputación de su anterior discípulo distribuyendo entre naturalistas seleccionados un panfleto de sus comunicaciones sobre geología. A mediados de diciembre, Darwin buscó alojamiento en Cambridge para organizar su trabajo en sus colecciones y reescribir su diario. El 17 de febrero, Darwin fue elegido como miembro de la Sociedad Geográfica.

Y *su obra* El origen de las especies

Su obra fundamental, *El origen de las especies por medio de la selección natural, o la preservación de las razas preferidas en la lucha por la vida*, publicada en 1859, estableció que la explicación de la diversidad que se observa en la naturaleza se debe a las modificaciones acumuladas por la evolución a lo largo de las sucesivas generaciones.

Postuló que todas las especies de seres vivos han evolucionado con el tiempo a partir de un antepasado común mediante un proceso denominado «selección natural». La evolución fue aceptada como un hecho por la comunidad científica y por buena parte del público en vida de Darwin, mientras que su teoría de la evolución mediante selección natural no fue considerada como la explicación primaria del proceso evolutivo hasta los años treinta del siglo pasado. Actualmente constituye la base de la síntesis evolutiva moderna. Con sus modificaciones, los descubrimientos científicos de Darwin aún siguen siendo el acta fundacional de la biología como ciencia, puesto que constituyen una explicación lógica que unifica las observaciones sobre la diversidad de la vida.

De inadaptado a gran descubridor

Charles Darwin era el quinto de seis hijos y no era el más listo, desde luego. «Mis maestros y mi padre me consideraban un muchacho corriente, más bien por debajo del nivel común de inteligencia», afirma el chico en una descarada autobiografía. Nunca fue una lumbrera en los estudios. Toda su pasión estaba relacionada con la observación de la naturaleza. Se embarcó en el *Beagle* porque no tenía nada mejor que hacer, en contra de la voluntad de su padre y sin una idea clara de para qué le serviría. Sin embargo, fue este viaje el que le permitió entrar en contacto con la vida salvaje y los fósiles.

Nunca se sabe cómo acertar con la educación de los hijos o cómo encarrilar su camino. Los padres siempre creemos que nuestros deseos e intereses deben coincidir con los de nuestros hijos, sin embargo, es necesario comprender que ellos tienen los suyos propios y aunque a nosotros nos parezcan alocados o sin sentido pueden ser lo que dé valor a su futuro. ¿Qué hubiera pasado si el padre de Darwin no le hubiera dejado embarcarse en el *Beagle*? Nunca lo sabremos, pero lo cierto es que ese joven que no había logrado acabar medicina, que era un indomable perezoso, que de vez en cuando salía a cazar y coleccionaba escarabajos y los clasificaba y al que le encantaba leer novelas pero fue incapaz de escribir un solo cuento (él mismo reconocía no tener el ingenio de los hombres inteligentes)... *logró revolucionar la biología moderna.*

Como reconocimiento a la excepcionalidad de sus trabajos, fue uno de los cinco personajes del siglo XIX no pertenecientes a la realeza del Reino Unido honrado con funerales de estado, siendo sepultado en la abadía de Westminster, próximo a John Herschel e Isaac Newton.

7

HISTORIAS INSPIRADORAS EN EL DEPORTE

VICENTE DEL BOSQUE, LÍDER DE EQUIPOS GANADORES

Vicente del Bosque es desde el 2008 el seleccionador de la selección española de fútbol. Antes fue entrenador del Real Madrid y mucho antes, como jugador, fue centrocampista en el mismo equipo. Nació en Salamanca el 23 de diciembre de 1950. Hoy día representa para muchos un ejemplo de estilo, elegancia y liderazgo. Ha sabido manejar las individualidades de las grandes estrellas del fútbol para crear un equipo ganador en la Roja. Por sus méritos, la casa real le otorgó en título de marqués.

Jugador antes que entrenador

Según los datos que ofrece Wikipedia, Vicente del Bosque jugó en la posición de centrocampista un total de 441 partidos oficiales. Debutó en el fútbol nacional en las filas del Club Deportivo Salmantino (filial de la Unión Deportiva Salamanca), donde fue máximo goleador con solo 17 años. Desarrolló prácticamente toda su posterior vida como jugador en el Real Madrid, primero en el Castilla para pasar, tras un año de cesión al Córdoba Club de Fútbol y dos al Club Deportivo Castellón, al Real Madrid definitivamente, donde permaneció como titular del primer equipo durante 11 temporadas, hasta 1984, ganando con este último club cinco títulos de Liga y cuatro títulos de Copa del Rey. Destacó por su visión de juego y su capacidad de organización. Fue internacional en 18 ocasiones con España, jugando la Eurocopa de 1980.

Una vez abandonada la práctica del fútbol, Vicente Del Bosque se incorporó como técnico en las categorías inferiores del Real Madrid. Su primer partido como técnico profesional fue el 29 de agosto de 1987. En marzo de 1994, debutó como entrenador del primer equipo del Real Madrid tras la destitución de Benito Floro, pero sólo ocupó el puesto un par de meses, volviendo luego a su trabajo en la cantera blanca. De la misma forma, tras la destitución de Jorge Valdano dirigió interinamente durante dos partidos al primer equipo a principios de 1996.

Finalmente, en la temporada 1999/2000, el club decidió encargarle de manera estable la dirección del primer equipo en sustitución de John B. Toshack. Durante los primeros días del año 2000 participó en el primer Mundial de Clubes, logrando el cuarto puesto al perder en tiros de penalti ante el Necaxa, equipo mexicano que había conseguido la Copa de Campeones de la CONCACAF. Poco después de conseguir la Liga de Campeones del 2000, llegó a la presidencia del club Florentino Pérez y comenzó la conocida «era galáctica» del Real Madrid, al incorporar a tres ganadores del Balón de Oro como Luis Figo, Zinedine Zidane y Ronaldo.

En sus cuatro temporadas como entrenador del Real Madrid, Del Bosque consiguió en total:

— Una copa de la UEFA en el 2000.

— Dos Champions League, en el 2000 y 2002.

— Dos Ligas, en el 2001 y 2003.

— Una Supercopa de España en el 2001.

— Una Supercopa de Europa en el 2002.

— Una Copa Intercontinental en el 2002.

En junio del 2003, un día después de que el Real Madrid consiguiera su vigesimonoveno título de Liga, el club le informó de que no se le renovaría el contrato, que expiraba el 30 de junio de ese mismo año.

Vicente del Bosque, seleccionador

En julio del 2008 se confirmó su nombramiento como seleccionador nacional del equipo español en sustitución de Luis Aragonés, debutando con victoria por 0 a 3 el 20 de agosto del 2008 en un amistoso frente a la selección nacional de Dinamarca. En junio del 2009 disputó la Copa Confederaciones, en la que consiguió el tercer puesto. Entre septiembre del 2008 y octubre del 2009 consiguió la clasificación de España para el Mundial de Sudáfrica del 2010, ganando todos los partidos de la fase clasificatoria.

El 3 de julio del 2010, la selección de España consiguió por primera vez en su historia el pase a unas semifinales de un campeonato del mundo de fútbol, al vencer 1 a 0 a la selección de Paraguay. El 7 de ese mismo mes, alcanzó también por vez primera la clasificación para una final de un campeonato del mundo, tras ganar 1 a 0 a la selección de Alemania, final que ganaría el día 11 de julio por 1 a 0 a la selección de los Países Bajos.

El 1 de julio del 2012, apenas dos años después de hacer historia ganando la Copa del Mundo, consiguió anotar un título más en su palmarés, llevando a la selección de España a la victoria en la Eurocopa frente a Italia por 4 a 0, convirtiéndose así en el segundo entrenador en la historia del fútbol en conseguir una Eurocopa y un Mundial, tras Helmut Schön.

Un líder de equipos ganadores

En una entrevista en el 2009, Vicente se definió a sí mismo como un líder amable. «No creo en el liderazgo agresivo y estoy convencido de que se conduce mejor un grupo a través de las buenas formas que de la agresividad.»

Ha demostrado estar en posesión de un saber estar y de una educación exquisita tanto en la derrota como en la victoria. Cuando trabajaba en el Bernabéu conocía a cada uno de los jugadores de la cantera. Tenía el mismo trato con los galácticos que con los desconocidos. En el vestuario, repleto de egos, *se hizo respetar por su ejemplo y por su seriedad,* y no por su autoritarismo.

«Es el antihéroe, es una persona que está por encima de cuitas y de trampas, conoce el fútbol desde dentro y su gran éxito se encuentra en el trabajo que realiza de cohesión en el grupo», afirma Juan Mateo, presidente de Factoría de Cine Empresarial. No es un entrenador *showman* al que le guste exhibirse por el campo, sólo se levanta del banquillo en contadas ocasiones. Deja todo el protagonismo a los suyos, en este caso, una selección cohesionada. Dicen que es observador, pero lo cierto es que aprovecha las fortalezas y no destruye aquello que funciona. *Puede que no sea el mejor técnico*, pero «sabe equilibrar los conocimientos con la habilidad de saber hacer equipo», prosigue Mateo.

No sólo genera buenos músicos, sacando lo mejor de ellos, sino que genera orquesta: grandes profesionales que no ejercen de prima donna. Es lo que se denomina, matiza Medina, «liderazgo de *empowerment*», aquel que saca lo mejor de cada miembro del equipo: permite el brillo individual, alineado y complementario al esplendor del entrenador. También es un liderazgo que entiende y permite el error, sabe arriesgar y tomar decisiones, sin herir a nadie.

Yo respeto a todos por igual, se llamen como se llamen y vengan de donde vengan

Para Vicente del Bosque la bondad no perjudica, lo que perjudica es la maldad. «Yo intento ser bueno. Me gustaría serlo de verdad. No creo que haya que ser un ogro para dirigir un grupo. La debilidad de un entrenador tiene sus síntomas» dijo en una entrevista en el 2003.

Un ejemplo de liderazgo, amable, como él dice, tranquilo pero firme y orientado a la consecución de objetivos. Sin agresividad ni prepotencia. Sin autoritarismos, educado, *respetando a todos*: a los miembros del equipo y a los rivales.

Lecturas recomendadas:
— *Vicente del Bosque, el triunfo de los valores.*
— *Vicente del Bosque, el héroe de todos.*
— *Vicente del Bosque: el spanish leader completo.*

Rafa Nadal es el mejor tenista de todos los tiempos en cancha de tierra batida. Nació en Manacor (Mallorca) el 3 de junio de 1986. Tras una lesión que lo ha mantenido apartado de la competición varios meses, ha vuelto en forma y dispuesto a conquistar de nuevo el número 1 de la ATP. Rafa Nadal es *uno de los más grandes tenistas de todos los tiempos.* Junto a Roger Federer, representa la excelencia como virtud, tanto en lo personal como en su profesión.

Palmarés de Rafa Nadal

De acuerdo con los datos de Wikipedia, Rafa es ganador de 11 títulos de Grand Slam: del Torneo de Roland Garros en siete ediciones, siendo el tenista que más veces lo ha ganado (2005, 2006, 2007, 2008, 2010, 2011 y 2012), del Campeonato de Wimbledon en dos ocasiones (2008 y 2010, donde ha sido finalista en el 2006, 2007 y 2011), del Abierto de Australia en una ocasión (2009, donde también ha sido finalista en el 2012) y del Abierto de Estados Unidos en una ocasión (2010, y también finalista en el 2011). También ha logrado la medalla de oro en los Juegos Olímpicos de Pekín del 2008 y forma parte del equipo de Copa Davis de España desde el 2004, habiéndose alzado con el triunfo en cuatro ocasiones (2004, 2008 —donde no pudo jugar la final por lesión—, 2009 y 2011 —en donde logró el punto definitivo para el equipo español).

Es el tenista masculino más joven de la historia en conseguir el Golden Slam de Carrera (que incluye los cuatro Grand Slam y la medalla de oro de los Juegos Olímpicos, aunque no obtenidos en el mismo año), a los 24 años y 103 días. También es el único tenista masculino de la historia que ha ganado en un mismo año (2010) tres Grand Slam en tres superficies distintas.

Además, es el tenista con más títulos de Masters 1000 (con 22), superando a otros jugadores ilustres como Roger Federer (21), André Agassi (17) o Pete Sampras (11). Posee el récord de victorias consecutivas sobre una misma superficie, 81 (en tierra batida).

Es el tenista español con el mayor número de títulos individuales, 53 (superando a Manuel Orantes y a Conchita Martínez, con 33), y más títulos de Grand Slam, 11. Y es el jugador que más veces ha ganado desde la era Open el Torneo de Roland Garros (en siete ocasiones), superando el récord de Björn Borg.

En el 2010 se convirtió en el único tenista en la historia en ganar el Clay Slam o Slam de Tierra Batida, el cual consiste en ganar en el mismo año los tres Masters 1000 sobre tierra batida: Montecarlo, Roma y Madrid; y el Grand Slam de Roland Garros, que también se disputa en tierra batida.

En el 2008 recibió el Premio Príncipe de Asturias de los Deportes y en el 2009 recibió el Gran Premio de la Academia del Deporte Francesa a la mayor gesta deportiva del mundo en el año 2008.

Ejemplo de excelencia

La mejor definición que podemos dar para describir a Rafa Nadal es que se trata de «una persona que se esfuerza, respeta al contrario y es sencillo en su vida cotidiana». Es una muestra de que la constancia, perseverancia y reflexión no son conceptos trasnochados ni contrarios a la evolución.

Cómo ha llegado a la excelencia

Estas son las claves de su liderazgo:

Sabe desenvolverse según las circunstancias.

Estudia y analiza la medida del contrario, adapta las conclusiones a su forma de jugar y las incorpora a sus capacidades.

Observa y analiza todas las variables de aquello con lo que se va a enfrentar: características del otro tenista y estado físico, tipo de superficie, condiciones climatológicas, entre otros aspectos.

Visualiza el resultado y actúa según lo que quiere conseguir y no al revés.

Confía en sí mismo, fruto del autoconocimiento y la autogestión.

Posee una gran fuerza física y mental.

Tiene capacidad de resistencia y aguante. Se sacrifica.

Valora el compañerismo.

Sabe separar la rivalidad del concepto de equipo.

Tiene presente que la competición está en la pista, lo que le da una visión de la realidad y una medida muy exacta.

Sabe dónde está en cada momento y dónde tiene que poner su esfuerzo.

Tiene una gran capacidad de concentración.

No se quema ni se desgasta con las situaciones. Mira hacia adelante y no se queda anclado en el pasado.

Reconoce sus debilidades y carencias en el escenario en el que está, con lo que tiene de partida una gran ventaja porque sabe cuáles son sus puntos flacos.

El periodista John Carlin ha escrito el libro *Rafa, mi historia*, donde se puede profundizar en la trayectoria que ha seguido este mito y líder deportivo. Gorka Acebal, en su blog Juego Interior ya elaboró un resumen de los valores que Rafa descubre en dicho libro:

1. Juego interior. «En un partido de tenis, la batalla más encarnizada que libro es con las voces que resuenan dentro de mi cabeza: quieres silenciarlo todo dentro de la mente, eliminarlo todo menos la competición, quieres concentrar cada átomo de tu ser en el punto que estás jugando. Si he cometido un error en el punto anterior, lo olvido; si se insinúa en el fondo de mi cabeza la idea de la victoria, la reprimo.» *Puro juego interior.*

2. Trabajo y constancia. «El talento solo no basta. Es el primer ladrillo, pero encima de él tienes que amontonar el trabajo incesante y reiterado en el gimnasio, el trabajo en las pistas... Elegí ser tenista profesional y el resultado de aquella elección solo podía ser una disciplina inquebrantable y un incesante deseo de mejorar.»

3. Humildad. «Cuando digo, al igual que Toni, que gran parte de la razón de mi éxito se debe a mi humildad, no estamos vendiendo la imagen de un timorato, ni haciendo relaciones públicas en plan listillos, ni dando a entender que soy un tipo muy equilibrado y moralmente superior... es saber que no vas a pisar la pista y ganar sólo con el talento que Dios te ha dado.»

4. Aprender del error. «Puede que al final a lo mejor gane Federer, pero no voy a perder como el año pasado» (Rafa Nadal en la final de Wimbledon 2008).

David Casinos es un atleta profesional paralímpico, dedicado a las especialidades de lanzamientos (peso, disco y martillo). Entre sus grandes logros se encuentran *tres oros consecutivos* en los Juegos Paralímpicos de Sídney, Atenas y Pekín, además del récord del mundo en la especialidad de lanzamiento de peso.

Nació en 1972 en Valencia. Su interés por el deporte se despertó muy temprano, cuando todavía estaba en el colegio, de la mano de su entrenador, Bernardino Molina. Más tarde, probaría suerte en la sección de atletismo del Valencia Club de Fútbol, donde trabajó junto a Vicente Ferrer, al que recuerda con mucho cariño. Durante todo ese tiempo *tuvo que lidiar con la diabetes*, las inyecciones de insulina y el riesgo de que su enfermedad pudiese agravarse de un momento a otro. Pese a todo, David nunca perdió las ganas.

Posteriormente dio el salto del deporte amateur al profesional, especializándose en la modalidad de lanzamiento de martillo, llegando a competir a nivel internacional.

A los 26 años, y a causa de la retinopatía, *quedó ciego*. En cuestión de un mes perdió todo rastro de luz en los ojos. Por aquel entonces trabajaba en una multinacional muy importante, pero al perder la visión perdió su trabajo, ya que la nueva situación se lo impedía.

***Todos los días sale el sol, y si no sale, ya me encargo
yo de sacarlo***

A pesar de que su familia siempre estuvo y está a su lado apoyándole, David tuvo que soportar muchas y dolorosas operaciones en ambos ojos. Encontró ayuda en la ONCE (Organización Nacional de Ciegos de España) y sus profesionales, pues necesitó soporte psicológico.

Una nueva vida es posible

Ingresó en un centro especializado en el tratamiento para ciegos, Castell Arnau, en Sabadell, donde le enseñaron a empezar de cero: a moverse por la calle, coger los medios de transporte, manejarse con el bastón… «Recuerdo cómo lloraba mi madre. Yo me quedaba en el centro interno. Entrábamos grupos de 10 ó 12 personas con diferentes historias de vida y con una situación distinta. Solamente teníamos una cosa en común, algo que nos igualaba a todos: que éramos ciegos», recuerda David en el documental *Una luz diferente*, que trata sobre su vida. Allí comenzó a labrarse un nuevo futuro y, sobre todo, a hacer tareas que se convirtieron en un reto, como cocinar, planchar, doblar la ropa, usar el ordenador o leer braille.

Lo último que quieren los deportistas paralímpicos es despertar compasión y David Casinos es un claro ejemplo de ello: «No me llames ciego, llámame David.»

Tras concluir su rehabilitación en Castell de Arnau, David siguió echando los restos para no descolgarse del deporte de élite. Los valores que fue asimilando codo con codo con Molina, Ferrer o Fernández, estaban madurando ahora que Manuel Puchalt, uno de los nombres más reconocidos en el mundo del entreno paralímpico, se fijó en él.

En esta nueva etapa se gestarían las mayores hazañas de su trayectoria: los tres oros consecutivos en Sídney, Atenas y Pekín, tres campeonatos de Europa en lanzamiento de peso y un campeonato del mundo en peso y disco.

Hoy lleva una vida normal, pero el camino no ha sido fácil. A su regreso a Moncada (Valencia) desde Barcelona pidió ser vendedor de cupones de la ONCE, porque no tenía ingresos y no quería depender de su familia.

Para David, que fue el abanderado en los Juegos de Pekín, «la ceguera quedó atrás. Me echo las manos a la cabeza cuando veo a gente que ve perfectamente y está más ciega que yo».

«Muchos pensaréis que por ser ciego mi vida está llena de problemas. Sí, es verdad, pero problemas como los de los demás.»

En su web www.davidcasinos.es puedes consultar toda su trayectoria personal y éxitos deportivos.

8
HISTORIAS INSPIRADORAS EN EL CINE

WALT DISNEY, AL ÉXITO SE LLEGA TRABAJANDO

Walter Elias Disney fue junto con su hermano Roy O. Disney el fundador de The Walt Disney Company, empresa que genera unos ingresos anuales de 30,1 millones de dólares, y el principal artífice de un estilo inconfundible de películas de dibujos animados. Todos hemos visto no una, sino muchas de sus películas. Walt Disney representa el típico *self-made-man* americano.

Hijo de granjero pero dibujante

Según la biografía que aparece en Wikipedia, Walt Disney nació el 5 de diciembre de 1901. Se crio en Chicago,

103

en la granja de su padre Elias Disney (1859-1941), de antepasados irlandeses. Walt era el cuarto de los cinco hijos del matrimonio. En 1906 —según algunos, huyendo de la creciente criminalidad existente en Chicago—, la familia se trasladó a una granja en las cercanías de Marceline (Missouri). Como tanto él como su hermana menor, Ruth, eran demasiado pequeños para ayudar en las labores de la granja, pasaban la mayor parte del tiempo jugando. De esta época datan los primeros escarceos de Disney con el dibujo y su gran afición por los trenes.

Debido a una enfermedad de su padre tuvieron que vender la granja y en 1910 se mudaron a Kansas City, donde Walt tuvo que ayudar a su padre a vender periódicos, lo que lo obligaba a levantarse todos los días a las doce de la noche. No fue un buen estudiante; a causa de su trabajo repartiendo periódicos, le costaba concentrarse y con frecuencia se quedaba dormido. Era propenso a soñar despierto y a pasar el tiempo haciendo garabatos.

Todos tus sueños se pueden hacer realidad, si tienes el valor para perseguirlos

Al cambiar de trabajo el padre, se fueron a vivir a Chicago. Allí, al mismo tiempo, trabajaba para su padre y asistía por las tardes a clases en el Instituto de Arte de Chicago. A los 15 años, Walt consiguió un trabajo de verano vendiendo periódicos y chucherías a los pasajeros del ferrocarril de Santa Fe. Le interesaba mucho más el tren que su trabajo, en el que no tuvo demasiado éxito, ya que con frecuencia le robaban la mercancía.

En sus años escolares, Disney fue el historietista del periódico del instituto, *The Village Voice*. Sus cómics eran de tema patriótico y político, centrados en el tema de la primera guerra mundial. En 1918, queriendo seguir los pasos de su hermano Roy, que se había enrolado en la Marina, abandonó el instituto para alistarse en el ejército. No fue aceptado por ser demasiado joven. Enterado de que el cuerpo de ambulancias de la Cruz Roja admitía a chicos de 17 años, Walt falsificó su certificado de nacimiento para hacer ver que había nacido en 1900 en lugar de en 1901 y había cumplido ya la edad mínima reglamentaria. Fue admitido, pero nunca llegó a entrar en combate. Cuando terminó su entrenamiento fue trasladado a Europa, pero la guerra ya había terminado. Pasó el resto de su tiempo en la Cruz Roja como conductor de ambulancias en Francia, trasladando a oficiales. Se entretuvo llenando de dibujos la ambulancia que conducía. En 1919 solicitó ser relevado de sus obligaciones militares y fue enviado de regreso a Estados Unidos.

> **Todas las adversidades que he tenido en mi vida, todos los problemas y obstáculos, me han fortalecido...Uno no se da cuenta de cuando sucede, pero una patada en los dientes puede ser la mejor cosa que le puede suceder en un momento dado.**

Carrera artística

Decidido a seguir una carrera artística, se trasladó a Kansas City. Su hermano Roy trabajaba en un banco por la zona y, gracias a un amigo, le consiguió un trabajo en el Pesemen-Rubin Art Studio, donde Walt se dedicó a crear anuncios para periódicos, revistas y cines. Allí coincidió con otro dibujante, Ubbe Iwerks, con el que trabó amistad, y ambos decidieron empezar su propio negocio. Disney e Iwerks (quien acortó su nombre a Ub Iwerks) fundaron una compañía llamada Iwerks-Disney Commercial Artists en enero de 1920. Por desgracia, no consiguieron demasiados clientes, y finalmente tuvieron que abandonar. Ambos fueron contratados por la empresa Kansas City Film Ad, en la que trabajaron en anuncios, realizados con primitivas técnicas de animación, para los cines locales. Pero Disney seguía fascinado por las posibilidades de la animación.

Después de dos años en Film Ad, Disney creyó que había adquirido la experiencia suficiente como para emprender un nuevo negocio por su cuenta. En 1922 fundó la empresa Laugh-O-Gram Films, Inc., dedicada a realizar cortometrajes animados basados en cuentos de hadas populares y relatos para niños, como *Cenicienta* o *El gato con botas*. Entre sus empleados estaban Iwerks, Hugh Harman, Rudolph Ising, Carmen Maxwell y Friz Freleng. Los cortos se hicieron famosos en la zona de Kansas City, pero sus gastos de producción excedían a los ingresos que proporcionaban.

«La gente me pregunta con frecuencia si conozco el secreto del triunfo y si puedo decirle a los demás cómo hacer que sus sueños se hagan realidad. Mi respuesta es: sólo lo consigues trabajando.»

Tras crear su último corto, la mezcla de acción real y animación *Alice's Wonderland*, el estudio se declaró en bancarrota en junio de 1923. Disney decidió entonces trasladarse al floreciente centro de la industria cinematográfica, Hollywood. Vendió su cámara y obtuvo el dinero suficiente para un viaje de ida en tren a California. Dejó atrás a sus amigos y antiguos empleados, pero se llevó con él la película *Alice's Wonderland. Llegó a Los Ángeles con 40 dólares en el bolsillo y una película sin acabar en su maletín.* Su propósito era abandonar el cine de animación. Pretendía convertirse en director de películas de acción real, y recorrió sin éxito todos los estudios buscando trabajo.

Al no encontrarlo, optó por volver a intentarlo con la animación. Su primer estudio en Hollywood fue un garaje en casa de su tío Robert. Envió la película *Alice's Wonderland* a la distribuidora neoyorquina Margaret Winkler, quien mostró un gran interés por ella y contrató a Disney para producir más películas combinando animación e imagen real.

Se reunió con su hermano Roy, que se estaba recuperando de una tuberculosis en un hospital de veteranos de Los Ángeles, y lo convenció para que se encargase de la gestión económica del estudio. Roy estuvo de acuerdo. A petición de Disney, la actriz protagonista de *Alice's Wonderland*, Virginia Davis, y su familia, se trasladaron a Hollywood desde Kansas City. Lo mismo hicieron Iwerks y la suya. Este fue el comienzo del Disney Brothers' Studio, el germen de la futura The Walt Disney Company. Las nuevas películas, llamadas *Comedias de Alicia (Alice's Comedies)*, tuvieron bastante éxito.

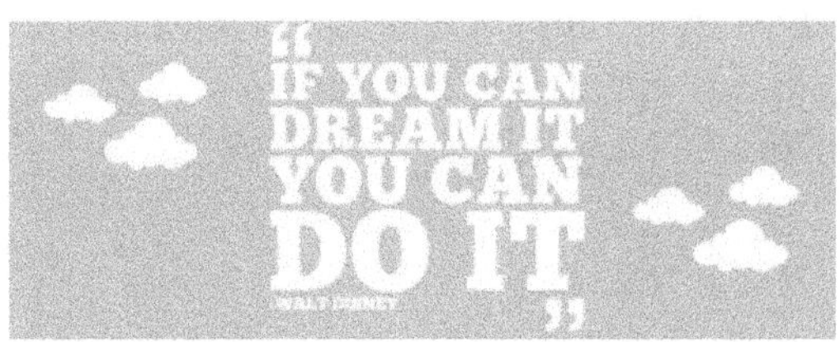

En 1927 crearon la nueva serie *Oswald, el conejo afortunado* distribuida por Universal Pictures con un éxito casi instantáneo. El personaje fue creado y dibujado por Iwerks. Su éxito permitió el crecimiento del estudio. Pero los derechos del conejo Oswald pertenecían a Universal y no a Disney, lo que le llevó a perder la mayor parte del personal de su estudio y no poder continuar con la exitosa serie. La compañía de Disney no recuperaría los derechos sobre Oswald hasta setenta y ocho años después, en el 2006.

Y nació Mickey Mouse

Tras perder los derechos sobre Oswald, Disney optó por crear un nuevo personaje: un ratón animado que básicamente era igual que Oswald, pero con orejas redondas en lugar de alargadas. Y así nació Mickey Mouse.

La primera aparición de Mickey tuvo lugar el 15 de mayo de 1928 en *Plane Crazy*, un cortometraje mudo, como todas las películas de Disney hasta esa fecha. Tras no conseguir interesar a los distribuidores por *Plane Crazy* ni por su continuación, *The Gallopin' Gaucho*, Disney creó una película sonora, *Steamboat Willie*. El empresario Pat Powers proporcionó a Disney tanto la distribución de la película como el Cinephone, un sistema de sincronización de sonido. *Steamboat Willie* se convirtió en un gran éxito, y se añadió sonido a los cortos anteriores. Desde entonces, todas las películas de Disney serían sonoras. El propio Disney se encargó de los efectos vocales de sus primeros cortometrajes y fue la voz de Mickey Mouse hasta 1947.

> « Mickey Mouse salió de mi mente en una libreta de dibujo, en un tren de Manhattan a Hollywood, en un momento en que la empresa de mi hermano Roy y mía estaba en el punto más bajo y el desastre parecía a la vuelta de la esquina. »
>
> Walt Disney

Mickey Mouse *conoció un extraordinario* éxito, hasta el punto de que, en 1935, la Sociedad de Naciones premió a Disney con una medalla de oro, declarando a Mickey «símbolo internacional de buena voluntad». En enero de 1930 fue adaptado al cómic, en una tira de prensa con guion de Disney y dibujos de Iwerks. Durante la década de 1930, el mercado se inundó de productos relacionados con el personaje, desde juguetes infantiles y relojes de pulsera hasta un brazalete de diamantes diseñado por Cartier. Numerosas personalidades públicas declararon su admiración por Mickey Mouse, incluyendo a la actriz Mary Pickford, al presidente de Estados Unidos Franklin Delano Roosevelt, a Benito Mussolini e incluso al rey de Inglaterra, Jorge V.

En 1932 Disney estrenó su primera película en color, *Flowers and Trees*, de la serie *Silly Symphonies*, que consiguió el óscar al mejor cortometraje de animación en 1932. Ese mismo año, Disney recibió también un óscar honorífico por la creación de Mickey Mouse, cuyos cortometrajes pasaron a realizarse en color a partir de 1935. Pronto aparecieron series derivadas, protagonizadas por nuevos personajes, como el Pato Donald, Goofy y Pluto. Y a partir de entonces ya es por todos conocida la exitosa historia de Walt Disney, con todas sus películas, parques de atracciones, *merchandising...*

«Obtén una buena idea y apégate a ella. Trabaja en ella hasta que esté hecha, hecha correctamente.»

El imperio Disney hoy

En la actualidad, el pequeño estudio de animación que en 1923 fundaron Walt y Roy Disney se ha convertido en una de las mayores empresas en el ámbito del entretenimiento, con unos ingresos anuales de 30.000 millones de dólares. The Walt Disney Company gestiona 18 parques de atracciones, 39 hoteles, ocho estudios cinematográficos, 11 canales de televisión por cable y uno terrestre (la cadena ABC).

Walt Disney Pictures, el estudio cinematográfico más importante propiedad de la empresa, continúa produciendo largometrajes de animación, a un ritmo aproximado de uno por año. Además, en mayo del 2006 The Walt Disney Company adquirió los estudios de animación Pixar, cuyas películas, distribuidas por Disney, habían alcanzado en años anteriores un éxito mayor que las producidas por Walt Disney Pictures.

Si tienes un sueño, persíguelo

Walt Disney tenía un sueño: quería hacer películas de animación. Eso era lo que realmente le gustaba y lo que quería hacer en el futuro. Lo intentó de forma sucesiva hasta lograr el éxito. Pudo haber acabado trabajando en el floreciente ferrocarril, seguir vendiendo periódicos o dibujando para otros pero… él tenía un sueño, tenía una meta. Trabajó duramente, se arruinó, se rehizo, siguió trabajando, persiguiendo su sueño, aprendiendo… y logró crear un mundo de fantasía que hoy es admirado en todo el mundo.

Y tú, ¿tienes *un sueño*?

9
HISTORIAS INSPIRADORAS PERSONALES

JESSICA COX, VOLAR SIN MANOS

Jessica Cox es una joven filipino-estadounidense de 29 años. Debido a una enfermedad congénita *nació sin brazos*. Sin embargo, este hecho no le supuso una renuncia para afrontar los diversos retos de la vida. Además manifestó diversas inquietudes y aptitudes como escribir, bailar, tocar el piano... Ostenta el título de ser la primera persona sin brazos en la Asociación Americana de Taekwondo en obtener un cinturón negro y también posee el récord mundial Guinness por ser la primera persona sin brazos en la historia de la aviación que ha logrado un certificado de piloto. Ha estudiado psicología, y actualmente se dedica a dar conferencias por sus buenas dotes como oradora.

Para Jessica, el mayor reto de haber nacido sin brazos fueron las constantes miradas, más que la adversidad física. «Yo solía irritarme mucho cuando la gente me miraba caminando por la calle o por la manera de comer con mis pies. Pero he aprendido a sacar lo positivo de esas situaciones y me dan la oportunidad de utilizar ese canal de vibraciones positivas y ser un ejemplo de optimismo.»

Jessica está muy agradecida a sus padres por ser sus modelos de conducta y sus pilares de apoyo. «Mi madre es mi modelo y siempre me dice que puedo hacer cualquier cosa que yo me proponga. Mi papá nunca derramó una lágrima cuando nací porque no me ven como una víctima. Es difícil ser padre de un hijo discapacitado. Fue mi roca durante los tiempos difíciles y es el que ha formado la persona que soy el día de hoy.»

Puede escribir 25 palabras por minuto, secarse el pelo, maquillarse y ponerse las lentes de contacto con la misma facilidad que cualquier otra persona. A falta de manos, ha logrado una habilidad especial con los dedos de sus pies para realizar todas las tareas que habitualmente los demás hacemos con las manos. «La manera en que pensamos tiene un mayor impacto en nuestras vidas que nuestras limitaciones físicas.»

Hoy es, además, una oradora motivacional experta como muestra en su web www.rightfooted.com. «Yo no tengo brazos, pero eso no determina hasta dónde pueda llegar.»

Frente a la adversidad...

Cuando las cosas nos vienen mal dadas, ya sea en lo personal, como el caso de Jessica, o en el aspecto profesional; cuando la adversidad parece que nos ha cogido cariño, entonces *solo caben dos opciones:*

Resignarse, bajar los brazos y asumir el destino sin más. Es lo que haría un depresivo (tiene una visión negativa de sí mismo, del mundo que lo rodea o de sus posibilidades). Nos ponemos en manos del contexto sin hacer nada por nuestra parte.

Intervenir, hacer frente a la situación/hecho adverso y trabajar para cambiarlo. Esta es la actitud válida, la única capaz de generar cambio y la única que puede aportar felicidad y bienestar. No aceptar las cosas como vienen e intentar cambiarlas según nuestros propios intereses. Jessica podría haberse quedado contemplando el mundo sin hacer nada pero decidió esforzarse y luchar por conseguir retos, aspiraciones. Y lo ha logrado. A lo mejor no consigue pilotar un boeing pero si es capaz de pilotar un pequeño avión ya ha conseguido más que muchos de nosotros. ¿Era fácil? ¿Lo consiguió sin esfuerzo? *No*. Pero asumió el reto, se esforzó, luchó. No tiró en ningún momento la toalla, sino que decidió apostar por su vida tratando de actuar a partir de sus circunstancias.

No se trata de negar la realidad, que es uno de los mayores errores (y peligros) que podemos cometer (léase el *post* «Las dos mayores especialidades del ser humano» en mi blog www.jalacoste.com). Lo importante no es si eres alto, no tienes brazos o eres recepcionista de un hotel; lo realmente importante es tu disposición al cambio y tus habilidades. Te recomiendo leer siete reflexiones sobre la gestión del talento.

Helen Keller, superar la adversidad

Helen Keller nació en 1880 en Tuscumbia, una pequeña ciudad rural de Alabama (Estados Unidos). Con tan solo 19 meses de edad contrajo una fiebre (tal vez escarlatina o meningitis) que le originó una sordoceguera que la marcaría para toda la vida. Debido a su incapacidad para comunicarse desde tan temprana edad, su infancia fue muy traumática para ella y su familia.

~ Helen Keller

Durante mucho tiempo, lo único que se esperaba es que Helen muriera, pero pronto su madre notó que su hija no podía responder cuando sonaba la campana de cena, o cuando pasaba la mano delante de sus ojos. Llegó así a ser evidente que la enfermedad de Helen la había dejado ciega y sorda. Los siguientes años fueron muy difíciles. Helen se hizo una niña muy complicada, tiraba los platos y lámparas y aterrorizaba a la casa entera con rabietas, gritos y su mal genio. Los parientes la miraban como un monstruo. Pero su familia y ella misma no se resignaron a ese destino, y lo fueron superando a fuerza de voluntad y constancia, y gracias también a tutores y amigos que la ayudaron; entre ellos, Anne Sullivan.

Anne Sullivan fue su profesora personal y amiga de toda la vida. Anne le ayudó primero a controlar su mal genio, y después le enseñó a leer; en primer lugar con el alfabeto manual táctil y, más adelante, con el sistema braille, así como a escribir a mano y con máquinas de escribir en braille.

Helen fue a la escuela de Cambridge para señoritas desde 1896 y en el otoño de 1900 entró en la Universidad de Radcliffe, siendo *la primera persona sordociega que podía alcanzar el reto de presentarse y transitar en una universidad*. La vida en Radcliffe era muy difícil para Helen y Anne, y la cantidad enorme de trabajo condujo al deterioro de la visión de Anne.

El 28 de junio de 1904 Helen se graduó con honores de la Universidad de Radcliffe, siendo la primera persona sordociega en obtener un título universitario. Ese mismo año, en la Exposición de San Luis, habló por primera vez en público. Helen y Anne iniciaron en los años siguientes una gira de charlas y conferencias sobre sus experiencias. Helen contaba su vida y su discurso era interpretado frase a frase por Anne Sullivan, lo que siempre generaba sesiones de preguntas y respuestas acerca de sus historias.

Helen escribió *La historia de mi vida*, publicado en 1903, y aunque al principio no fue un éxito de ventas, se convirtió más adelante en una obra clásica.

Pero Helen no solo recolectaba dinero, también hacía campañas para mejorar la calidad de vida y las condiciones de las personas ciegas, quienes eran rechazados y erróneamente educados en asilos. Su insistencia fue uno de los factores importantes para que las condiciones de ese colectivo cambiaran.

En octubre de 1961, Helen sufrió el primero de una serie de accidentes cerebrovasculares, y su vida pública fue disminuyendo. En los últimos años de su vida se dedicaría entonces a cuidar su casa en Arcan Ridge.

En 1964, Helen fue galardonada con la Medalla Presidencial de la Libertad, el más alto premio para personas civiles, otorgada por el presidente Lyndon Johnson. Un año más tarde fue elegida como «la mujer» del Salón de la Fama en la Feria Mundial de Nueva York. Murió en 1968, a los 87 años de edad.

Su obra publicada es, básicamente, autobiográfica, ya que Keller encontró en la escritura el modo de objetivar y hacer comunicable su difícil experiencia. Sus libros son un ejemplo de tenacidad y resistencia frente a las dolencias eventuales de la vida, especialmente las físicas. Hoy en día, una fundación de ayuda a las personas ciegas lleva su nombre.

Frente a la adversidad, o te rindes o la enfrentas

Cuando la vida nos sorprende con una enfermedad, una incapacidad o la muerte de una persona querida, tal vez la opción más rápida y cómoda sea dejarse llevar por el abatimiento y ensimismarse en el dolor. Es una primera forma de responder, adaptativa en el comienzo pero inútil si se mantiene a lo largo del tiempo. Helen asumió sus limitaciones y luchó por vivir de forma digna con todo el esplendor que su situación le permitía. No aceptó su sordoceguera como una incapacidad para vivir, sino que supo exprimir al máximo todas las potencialidades que tenía y aceptó el reto que para ella era la vida.

La adversidad puede ser un elemento condicionante pero nunca debe ser limitante. Aceptar la realidad en su dimensión justa es la mejor forma para superarla y poder continuar con la vida de forma satisfactoria. Helen fue un ejemplo y una bonita historia inspiradora.

LIU WEI, EL PIANISTA SIN MANOS QUE TOCA
CON LOS PIES

Liu Wei es un joven chino de 26 años que cuando tenía 10 perdió los dos brazos en un accidente eléctrico mientras jugaba con sus amigos. A los 19 años empezó a estudiar piano por su cuenta, usando las extremidades inferiores, y en el 2010 se presentó al programa de talentos *China Got Talent*, en el que interpretó el clásico *Marriage d'Amour* de Richard Clayderman, logró conmover a todo el público; su actuación lo hizo conocido alrededor del mundo.

«La gente como yo solo tiene dos opciones. Una es abandonar sus sueños, lo que nos llevaría a una rápida muerte y la otra es luchar sin brazos para vivir una vida extraordinaria.»

En este enlace se puede ver un video de su actuación con subtítulos en castellano: www.youtube.com/watch?v=azNe6mMhrA8&feature=player_embedded.

Con los pies, Liu navega por Internet, come, se viste y se cepilla los dientes. «Me gustaría salir a conducir para divertirme. Aparte de eso, no hay en verdad otra cosa que quiera hacer», ha dicho desde Beijing. «La música se ha vuelto un hábito para mí. Es como respirar.» Las prótesis no le interesan a Liu. No necesita apoyo especial, dice, aunque reconoce que ha tenido que asumir cierta discriminación a veces. Pero Liu quiere ser visto sólo como un pianista. «Tengo comida para comer y ropa para vestir y muchas personas que cuidan de mí. ¿En qué debo estar insatisfecho? Todo lo que otra gente hace con sus manos, yo lo hago con mis pies. Es solo eso.»

REFERENCIAS

Para la redacción de *Breves historias inspiradoras para los emprendedores y líderes del siglo XXI* se han consultado las biografías de las personas citadas en Internet, así como sus páginas correspondientes en Wikipedia.

REFERENCIAS (URL) DE LAS IMÁGENES

Santiago Ramón y Cajal
http://cvc.cervantes.es/img/cajal_recuerdos/cajal_laboratorio_495.jpg
http://www.serrablo.org/img/srbl124/infancia.png
http://www.sellosmundo.com/sellos/sello_141085.jpg
Ben Carson
http://2.bp.blogspot.com/-9WkWO9zUu0c/UR6rvWg-NW-I/AAAAAAAAKvM/hHzh2S5Cnpk/s320/Ben+-Carson+3.jpg
http://www.pbs.org/newshour/extra/road_taken/images/carson_young.jpg
http://aattp.org/wp-content/uploads/2013/03/BenCarson-AATTP-620x330.jpg

J. K. Rowling
http://2.bp.blogspot.com/-9wtN_mMyLeg/UjHqKaBvKkI/AAAAAAAAqu8/T0fPpPXZfa4/s1600/JK_Rowling.jpg

Elvis Presley
http://4.bp.blogspot.com/-fIVl-y06ro8/Tc6y6yFExvI/
    AAAAAAAAABs/zMKGzuRnGnA/s1600/1.jpg

Abraham Lincoln
http://upload.wikimedia.org/wikipedia/commons/1/18/Lin-
    coln_front_shot.jpg

Nelson Mandela
http://www.elpais.cr/files/news/image/detail/150613mande-
    la.jpg

Chris Gardner
http://www.emprendedoresnews.com/wp-content/
    uploads/2011/06/En-busca-de-la-felicidad.jpg
http://www.oleadajoven.org.ar/userfiles/image/En%20
    busca%20de%20la%20felicidad%201.jpg
http://photos.wikimapia.org/p/00/02/24/15/48_full.jpeg
http://ecx.images-amazon.com/images/I/51nAFIGadTL._.jpg

Steve Jobs
http://allaboutstevejobs.com/bio/shortbio/04.jpg
http://img.applesfera.com/2012/10/steve%20jobs%20
    joven%20macs.jpg

Bill Gates
http://www.gamerchip.com/images/bill-gates-windows1.jpg
http://laprimeraplana.com.mx/wp-content/
    uploads/2011/08/Arresto-Bill-Gates.jpg

Reinhard Mohn
http://static.guim.co.uk/sys-images/Guardian/Pix/pictu-
    res/2009/10/21/1256150626773/Reinhard-Mohn-001.
    jpg

Heloisa Zica Assis
http://b-i.forbesimg.com/andersonantunes/files/2013/05/
	09q8bd32EYbbx_1730.jpg
http://1.bp.blogspot.com/-tSKdOitmH10/T_JDs_SNMNI/
	AAAAAAAAFT8/c21cPl110Uw/s1600/Fachada_
	Caxias.JPG

Indra Nooyi
http://www.elconfidencial.com/fotos/econo-
	mia/2008061942indranooyidosdef.jpg

Sam Walton
http://2.bp.blogspot.com/-M0iO9ie2wGE/UYb3pJ75-KI/
	AAAAAAAAAHk/9wMxWTP5Oos/s1600/
	SAM-WALTON.jpg
http://2.bp.blogspot.com/-j2SfrFc0UQQ/UVWlV7GWxuI/
	AAAAAAAAv7M/I5Hgr9-qZ70/s400/exponential-bu-
	siness-group-sam-walton.jpg

Charles Darwin
http://m1.paperblog.com/i/162/1623553/el-origen-espe-
	cies-L-DVHlHU.jpeg
http://farm4.static.flickr.com/3073/3087712966_
	d16b202a1d.jpg

Vicente del Bosque
http://indiepr.es/wp-content/uploads/2012/07/Spain-Vicen-
	te-del-Bosque.jpg

Rafa Nadal
http://www.deportedecabeza.com/WPDDC/wp-content/
	uploads/2013/06/dieta-rafael-nadal.jpg

David Casinos
http://www.fundesem.es/ted/images/ponentes/david_casi-
    nos.jpg

Walt Disney
http://culturacolectiva.com/wp-content/uploads/2012/12/
    Disney.jpg

Jessica Cox
http://news.bbcimg.co.uk/media/images/65944000/
    jpg/_65944677_sky_sprite_03.jpg

Helen Keller
http://ilsnc.files.wordpress.com/2011/11/keller-rose1.jpg

Liu Wei
http://2.bp.blogspot.com/_NLrQGMvMZeM/TLN-
    c4LEYNTI/AAAAAAAAAGk/DLY0YqvInyE/s400/
    pianista-son-brazos.jpg

Gracias a las personas cuya historia aparece reflejada en este libro. Con sus enseñanzas e historias he logrado ampliar y mejorar mi propia visión del mundo y de los negocios.

Gracias a mi mujer e hijos por la paciencia con que han sobrellevado mis horas antes el iMac. También por la ilusión que siempre han aportado a mi aventura editorial.

Gracias a mis padres por haber depositado en mi la semilla de la curiosidad, las ganas de saber y aprender y el amor por el conocimiento de los seres humanos.

www.ingramcontent.com/pod-product-compliance
Lightning Source LLC
LaVergne TN
LVHW020052210726
843507LV00015B/1700